.....Contents

JN081500

静岡駅周辺（1930年）

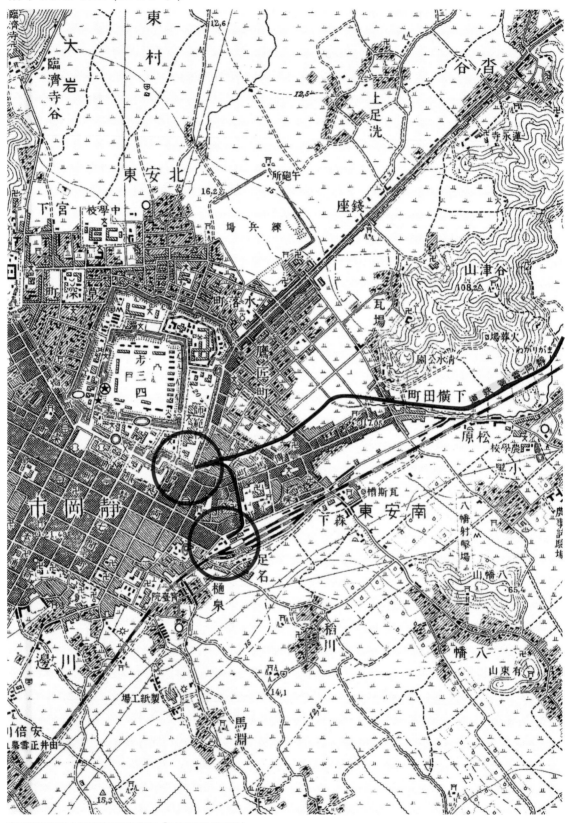

帝国陸軍参謀本部陸地測量部発行「1/25000地形図」

4

浜松駅周辺（1927年）

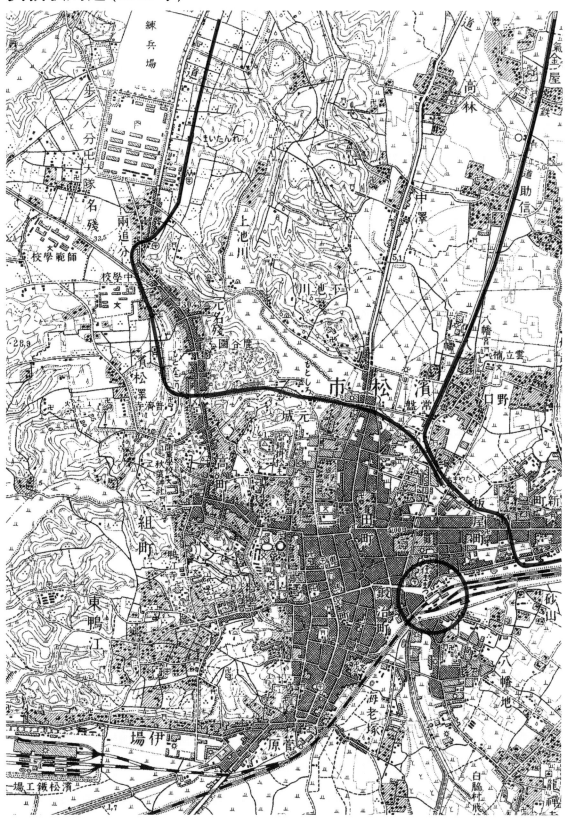

帝国陸軍参謀本部陸地測量部発行「1/25000地形図」

駿豆電気鉄道(1932年)

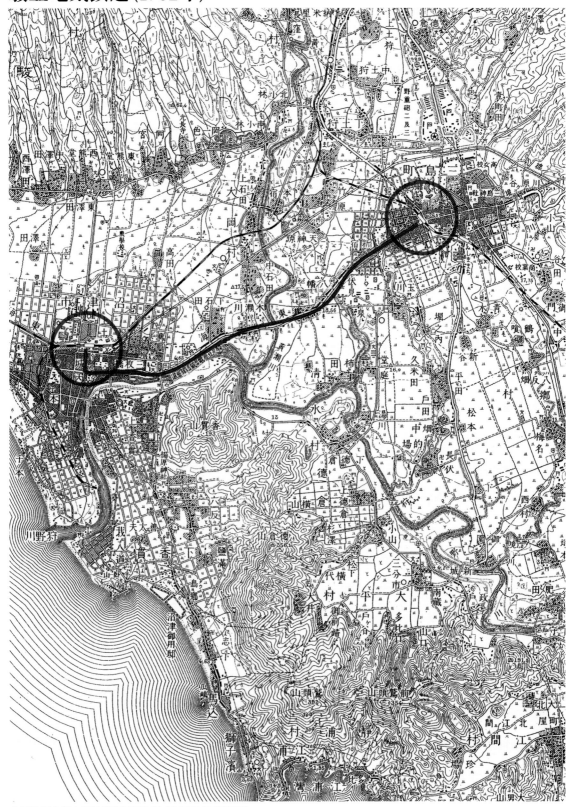

帝国陸軍参謀本部陸地測量部発行「1/50000地形図」

堀之内機関軌道（1930年）

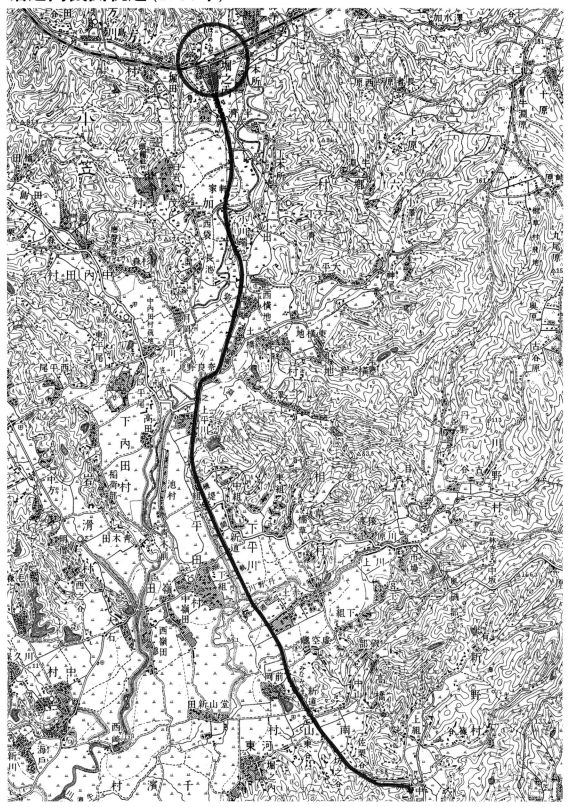

帝国陸軍参謀本部陸地測量部発行「1/50000地形図」

中遠鉄道（1930年）

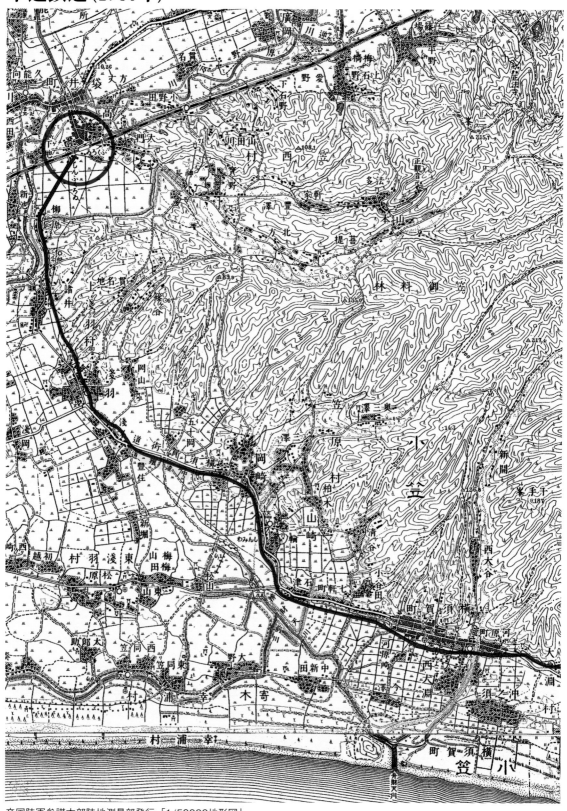

帝国陸軍参謀本部陸地測量部発行「1/50000地形図」

静岡鉄道駿遠線（地頭方付近）（1950年）

建設省地理調査所発行「1/50000地形図」

秋葉馬車軌道(1930年)

帝国陸軍参謀本部陸地測量部発行「1/50000地形図」

光明電気鉄道(1930年)

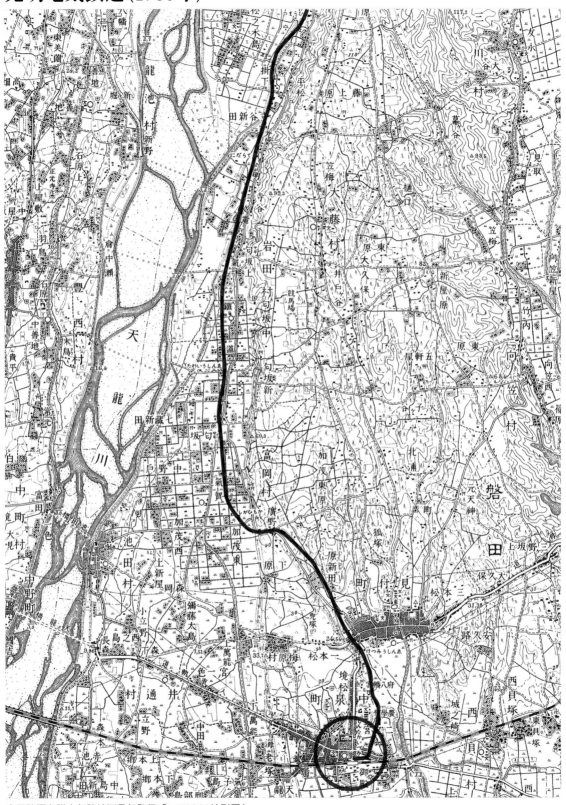

帝国陸軍参謀本部陸地測量部発行「1/50000地形図」

11

浜松鉄道（1927年）

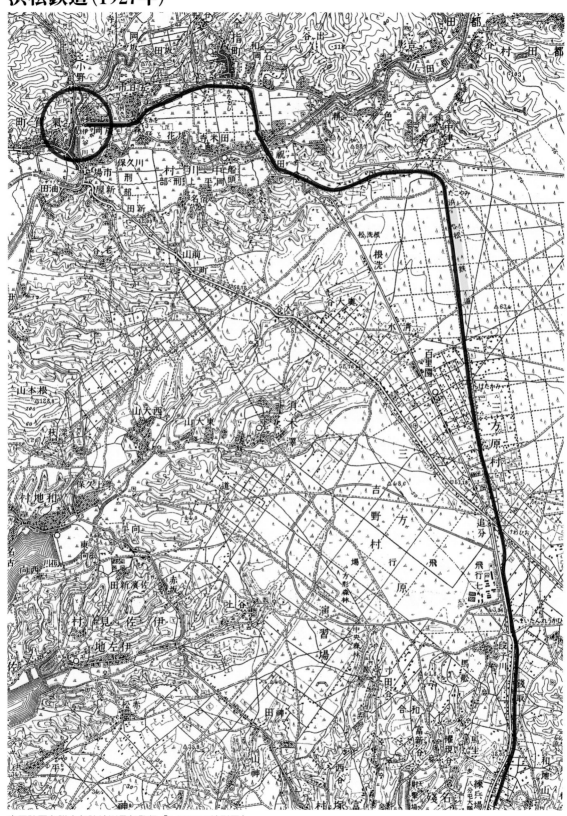

帝国陸軍参謀本部陸地測量部発行 「1/50000地形図」

遠州電気鉄道・浜松電気鉄道(1927年)

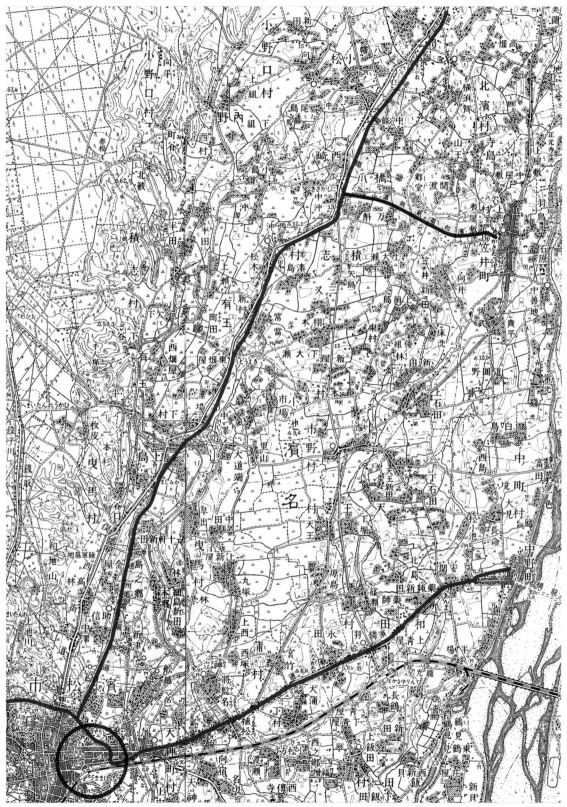

帝国陸軍参謀本部陸地測量部発行「1/50000地形図」

13

はじめに

　静岡県は東西に長い。在来線では熱海から新所原まで177.8km、普通電車で約3時間、新幹線では熱海から豊橋まで実キロ178.8kmで静岡県内だけなら約170km、東京－新大阪間の約3分の1で「のぞみ」なら50分ほどで走り抜ける。テレビ、ラジオでも熱海、伊東など伊豆東海岸は東京の電波が入り、気分的にも東京の郊外と変わらないが、浜松まで行くと名古屋の電波が入り名古屋の影響が強い。

　このように東西に長い静岡県内の私鉄もまた様々な姿がある。東から順に行くと熱海まで顔をだす伊豆急行は戦後開通した観光鉄道で東京から直通特急が走る。丹那トンネルを抜け、三島から出る伊豆箱根鉄道駿豆線は湯治場の面影を残す温泉地へ向かい歴史を感じさせる。富士山麓を行く岳南電車は工場地帯を走り近年では「工場萌え」ブームで注目される。

　中央部へ進むと、静岡鉄道は今では政令指定都市静岡の都市内鉄道であるが、静岡、清水を結び大手民鉄と同じサービスレベルである。大井川を渡ると金谷から分岐する大井川鉄道がある。森林開発、電源開発のために建設されたが、今ではSL（蒸気機関車）をはじめ、各種車両を動態保存し「鉄道のテーマパーク」である。2022年9月の台風被害で一部（現在では川根温泉笹間渡以北）が不通だが、早期の復旧を期待したい。その奥を走る井川線は奥大井の秘境を走りアプト式区間もある観光鉄道である。さらに西の遠州鉄道は工業都市浜松の郊外電車で「赤電」の名で親しまれている。国鉄二俣線から転換した天竜浜名湖鉄道は奥浜名湖沿いに走り、駅舎などは国鉄時代そのままの姿で鉄道遺産となっている。

　静岡鉄道、遠州鉄道は明治時代に軌間762mmの軽便鉄道として発足し、本書では古い時代の写真も掲載した、静岡の私鉄の「今と昔」を楽しんでいただきたい。

2023年12月　山田 亮

1章

カラーフィルムで記録された
静岡県の私鉄

1956年製のキハとそれに牽引された付随客車。奥山線は曳馬野から先が非電化であったが、遠鉄浜松から曳馬野までは
電車が気動車を牽引した。◎奥山〜中村　1960（昭和35）年3月13日　撮影：荻原二郎

伊豆急行 伊豆急行線

伊東〜伊豆急下田

元東急8000系の伊豆急8000系電車。海側の座席がクロスシートになっている。

東海道線内を走る伊豆急の2100系ロイヤルエクスプレス。

◆伊豆急行 伊豆急行線

● 伊東 (いとう)
● 南伊東 (みなみいとう)
● 川奈 (かわな)
● 富戸 (ふと)
● 城ヶ崎海岸 (じょうがさきかいがん)
● 伊豆高原 (いずこうげん)
● 伊豆大川 (いずおおかわ)
● 伊豆北川 (いずほっかわ)
● 伊豆熱川 (いずあたがわ)
● 片瀬白田 (かたせしらた)
● 伊豆稲取 (いずいなとり)
● 今井浜海岸 (いまいはまかいがん)
● 河津 (かわづ)
● 稲梓 (いなずさ)
● 蓮台寺 (れんだいじ)
● 伊豆急下田 (いずきゅうしもだ)

DATA

起 点	伊東
終 点	伊豆急下田
駅 数	16駅
開 業	1961 (昭和36) 年12月10日
路線距離	45.7km
軌 間	1,067mm

クモハ110形122を先頭にした4両編成の熱海発伊豆急下田行。熱海を6〜8両で発車し、伊豆高原で後部の車両を切り離した。3両目はグリーン車サロ180形。伊豆急車のグリーン車は1986年1月に廃止され普通車に格下げされてサハ180形となった。ここは伊豆急の撮影名所として知られるが、現在では写真左側の空き地にログハウスが建って、鉄道趣味の視点からはやや目障りである。
◎片瀬白田〜伊豆稲取
1983 (昭和58) 年4月
撮影：安田就視

　伊豆半島を一周する鉄道の構想は明治時代からあった。伊豆東海岸は1938（昭和13）年に国鉄伊東線が開通したが、伊東から先は鉄道がなかった。戦後、東京急行電鉄会長の五島慶太（1882〜1959）は伊豆の観光開発のため伊東以南を国鉄に代わって建設することとし、1959（昭和34）年2月に路線免許が東急系列の伊東下田電気鉄道（現・伊豆急行）に交付された。1960年1月に起工式が行われ、急峻な地形をトンネル、鉄橋で克服し2年に満たない短期間で建設され1961年12月10日、伊東〜伊豆急下田間45.7kmが開業した。

　開通時に登場した100系はハワイアンブルーの斬新な装いで注目され、同時に国鉄153系による準急が東京から伊豆急下田まで直通した。当時は自家用車がそれほど普及しておらず、伊豆急は多くの乗客で賑わった。だが、道路の整備、自家用車の普及、また1970年代に発生した地震など自然災害の影響で乗客は伸び悩んだ。1985年に投入された「リゾート21」は展望席のある電車として注目された。今では伊豆半島は四季を通じて楽しめるリゾート地で、伊豆急はJR特急「踊り子」が直通し中心的交通機関として重要な地位を占めている。

熱海で並ぶ伊豆急クハ1500形1501と
国鉄153系。クハ1501は1979年にクハ
150形の機器を使用し、車体を新製した
車両で、高運転台の前面は曲面ガラスで
ある。同形車にクモハ1100形があった。
右のクハ153（田町電車区所属）は正面貫
通ドアの金属枠がペンキで塗装され美し
さが損なわれていたが、大垣電車区のク
ハ153は正面の金属枠が輝いていて美し
さを保っていた。
◎熱海
1979（昭和54）年
撮影：長谷川 明

クハ1500形1502が最後部の熱海発伊豆急下田行。2両目はクモハ1100形1102。クモハ1100形、クハ1500形は1979年
および1983年にクモハ110形、クハ150形の機器を利用して車体を新製し、冷房化され転換クロスシートである。伊豆急は
運賃が高く「これくらいのサービスは当然」との声もあった。4両目はグリーン車サロ180形だが、1986年1月から伊豆急
車のグリーン車は廃止され普通車扱いとなった。◎熱海　1986（昭和61）年4月3日　撮影：長谷川 明

熱海駅１番線に到着したクハ150形152先頭の編成。折返し伊豆急下田行になる。このクハ152は1968年の川奈での衝突事故で大破し、復旧にあたり高運転台化された。写真の右側、４番線には167系の回送列車が停車中。167系は元修学旅行用電車で、側面ドアが狭い。登場時は黄色と朱色の修学旅行色だったが、後に湘南色となり臨時列車に使用された。
◎熱海　1979（昭和54）年６月16日　撮影：長谷川 明

高運転台のクモハ110形128を最後部にした伊豆急下田行と国鉄113系熱海行の交換風景。国鉄の伊豆急乗り入れ車は横須賀線色の113系だったが、湘南色113系が使われることもあった。◎1976（昭和51）年5月　撮影：長谷川 明

伊東線を走る伊豆急2100系「リゾート21」第1編成。先頭はクハ2150形2151。ここは網代湾をバックにした好撮影地である。
◎来宮〜伊豆多賀
1986（昭和61）年4月8日
撮影：長谷川 明

桜満開の伊豆多賀に到着した2100系「リゾート21」。先頭は2100系の第一次車クハ2150形2152。登場時は6両編成だったが後に8両化された。伊豆多賀はホームの両側に桜並木がある桜の名所で桜開花時期には多くのファンが詰めかけた。
◎伊豆多賀　1986（昭和61）年4月8日　撮影：長谷川 明

サロ180形182の車内。サロ180形はサロハ180形の普通車化（→サハ170形）に伴い1970年にサロ181、182が登場し冷房、固定窓、回転式クロスシートだった。天井のクーラーカバーは当時の国鉄特急車と同じである。デッキとの仕切りに下田ロープウエイの広告がある。伊豆急のグリーン車は、1986年1月に廃止され普通車に格下げされた。
◎1986（昭和61）年4月8日
撮影：長谷川 明

相対式ホームの富戸に到着するクモハ110形113先頭の上り熱海行。伊東線に乗入れ熱海まで直通した。3両目はグリーン車サロ180形。伊豆急車のグリーン車は1986年1月に廃止された（国鉄からの乗り入れ列車を除く）。
◎富戸
1976（昭和51）年7月
撮影：長谷川 明

クモハ110形125先頭の伊東行。先頭のクモハ125は1964年に登場した高運転台の後期型。伊豆急の普通電車は熱海乗り入れ列車が最大10両だったが線内列車は4両編成も見られた。3両目はグリーン車サロ180形。
◎富戸
1976（昭和51）年7月
撮影：長谷川 明

伊東駅２番線で折り返す国鉄185系の特急「踊り子」。右側の１番線にはクモハ110形（高運転台）先頭の伊東〜熱海間折返し列車が停車中。東京〜伊東、伊豆急下田間の特急「あまぎ」と急行「伊豆」は1981年10月改正時から185系（一部は183系1000番台）の特急「踊り子」に統一され、153系の急行「伊豆」は姿を消した。
◎伊東
1985（昭和60）年８月２日
撮影：長谷川 明

1961年12月の伊豆急行開通時に登場した両運転台クモハ100形103。クモハ100形は101〜104の４両が製造されたが、１両だけ残った事業用車（構内入換などに使用）のクモハ103が2011年に営業用として復活し、イベント列車、団体列車として2019年春まで運行された。塗装はペールブルーとハワイアンブルーで観光路線にふさわしかった。
◎伊豆高原
1986（昭和61）年７月13日
撮影：長谷川 明

伊豆急行で貨物列車、事業用列車を牽引した凸型電気機関車ED25形ED2511。1944年に豊川鉄道向けとして日本車輌で製造されたが、竣工時には豊川鉄道は国鉄に買収（いわゆる戦時買収）され飯田線となっており国鉄ED30形ED301となった。飯田線、宇部線で使用された後に1963年に伊豆急が譲り受けた。1994年10月に廃車。
◎伊豆高原
1979（昭和54）年６月15日
撮影：長谷川 明

伊豆急下田行6両編成の普通電車。乗務員室に車掌の姿が見え下り列車である。最後部はクハ1500形1501でその前はクモハ1100形。4両目にグリーン車を格下げしたサハ180形。6両編成中3両が冷房車だが、伊豆急は運賃が高く、利用者からは冷房、前向きのクロスシートは最低限のサービスとの声があがった。この付近は山が海岸に迫って急峻な地形で、伊豆大島が車窓から眺められる。◎伊豆北川〜伊豆大川　1990（平成2）年4月19日　撮影：安田就視

クハ1500形、クモハ1100形を先頭にした編成。3両目はクモハ110形で4両目はグリーン車を普通車に格下げしたサハ180形。伊豆急のグリーン車サロ180形は1986年1月に普通車に格下げされサハ180形となったが車内は変わらなかった。サハ180形のドア横にはグリーン車の表示がない。◎片瀬白田〜伊豆熱川　1986（昭和61）年3月28日　撮影：安田就視

183系1000番台の特急「踊り子」。1969年4月に登場した特急「あまぎ」は157系を使用したが、老朽化で1976年3月から183系1000番台に置き換えられた。1981年10月から東京〜伊豆間優等列車は特急「踊り子」となり、183系1000番台と185系が使用されたが、1985年3月改正時から「踊り子」は185系（0番台、200番台）に統一された。
◎片瀬白田〜伊豆稲取　1983（昭和58）年4月　撮影：安田就視

185系200番台7両編成の「踊り子」号。185系200番台の側面は1982年の登場時は上野〜大宮間「新幹線リレー号」に使われ窓下に緑色のラインが入っていたが、後に一部編成が田町電車区に転属し0番台と同じく緑のストライプ塗装になった。後方の丘の上に「東洋大学セミナーハウス」が見える。この付近から伊豆大島が大きく眺められる。
◎今井浜海岸〜伊豆稲取　1990（平成2）年4月19日　撮影：安田就視

1983年に登場した14系客車改造のジョイフルトレイン「サロンエクスプレス東京」（全車グリーン車）を使用した臨時特急「サロンエクスプレス踊り子」、1984年3月から1989年1月まで多客期に運転された。
◎河津
1986（昭和61）年7月
撮影：山田 亮

EF65 1118（1985年3月改正時から東京機関区から新鶴見機関区へ転属したが品川に常駐、1986年11月改正時から田端運転所に転属）が牽引する「サロンエクスプレス東京」による特急サロンエクスプレス踊り子。
◎河津
1986（昭和61）年7月
撮影：山田 亮

河津川沿いの河津桜の桜並木と伊豆急2100系「リゾート21」。河津桜は2月から咲く早咲きの桜として知られ、春の訪れを知らせる風物詩で2月から始まる河津桜まつりは多くの観光客が訪れる。
◎河津
2001（平成13）年3月8日
撮影：安田就視

伊豆に春の訪れを告げる河津桜祭りとJR251系の「スーパービュー踊り子」号。先頭は東京方のクハ251形。251系は1990年4月に運転開始、2020年3月改正時に営業運転終了。
◎河津
2001（平成13）年3月8日
撮影：安田就視

河津川に架かる高架駅の河津に到着する2100系「リゾート21」クハ2150形2152先頭の伊豆急下田行。国鉄特急踊り子と交換。「踊り子」は185系200番台でクハ185－203が写っている。上野〜大宮間「新幹線リレー号」の185系200番台は1985年3月の東北・上越新幹線上野開通時に一部が田町電車区へ転入し「踊り子」に使用され、塗装もストライプ塗装に改められた。
◎河津　1985（昭和60）年12月24日
撮影：長谷川 明

クモハ110形を先頭にした100系の普通電車。クモハ110形は両運転台クモハ100形の片運転台タイプで、写真の先頭車は1964年以降に登場した増備車で高運転台である。2両目はサハ170形、3両目はサロ180形で冷房化されているが、1986年1月から普通車に格下げ。◎1986（昭和61）年4月8日　撮影：長谷川 明

伊豆急下田での国鉄157系特急「あまぎ」と国鉄113系の並び。学校の夏休みの初日で「あまぎ」で着いた家族連れ行楽客がホームから改札口へ向かう。この157系は上り「あまぎ3号」として定刻なら17時50分に発車するがホームの時計は18時20分を指していて、何らかの理由で遅れていることになる。左は横須賀線色の国鉄113系。
◎伊豆急下田　1973（昭和48）年7月21日　撮影：安田就視

1985年7月に登場した2100系「リゾート21」第一次車モハ2100形2103の車内。海側（伊豆急下田に向かって進行方向左側）は窓に向かって3人掛け座席が波状に配置され、山側は1人掛けの向い合せ固定クロスシートとなっている。
◎1986（昭和61）年4月3日
撮影：長谷川 明

2100系「リゾート21」の1986年度鉄道友の会「ブルーリボン賞」受賞式。2100系は1985年7月20日に運転開始され、先頭車の運転室後部は階段状に座席を配置した展望室で「乗ることを楽しむ電車」で「リゾート21」と命名され、乗車券だけで乗ることができた。1985〜93年に5編成40両が登場。現在は3編成あるが、うち1編成はクルージングトレイン「THE ROYAL EXPRESS」に改造されJRに貸し出され、機関車牽引で北海道、四国で運行される。
◎伊豆急下田
1986（昭和61）年7月13日
撮影：長谷川 明

伊豆急下田で折り返す国鉄185系200番台7両編成の特急「踊り子」。この7両編成「踊り子」はグリーン車1両で上野〜大宮間「新幹線リレー号」から転用された185系200番台で運行された。
◎伊豆急下田
1986（昭和61）年7月13日
撮影：長谷川 明

いずはこねてつどう すんずせん

伊豆箱根鉄道 駿豆線

三島〜修善寺

◆伊豆箱根鉄道 駿豆線

- ● 三島（みしま）
- ● 三島広小路（みしまひろこうじ）
- ● 三島田町（みしまたまち）
- ● 三島二日町（みしまふつかまち）
- ● 大場（だいば）
- ● 伊豆仁田（いずにった）
- ● 原木（ばらき）
- ● 韮山（にらやま）
- ● 伊豆長岡（いずながおか）
- ● 田京（たきょう）
- ● 大仁（おおひと）
- ● 牧之郷（まきのこう）
- ● 修善寺（しゅぜんじ）

DATA

起 点	三島
終 点	修善寺
駅 数	13駅
開 業	1898（明治31）年5月20日
路線距離	19.8km
軌 間	1,067mm

1963年に登場した伊豆箱根鉄道駿豆線1000系第1編成の三島行。写真右側（修善寺方）からモハ1002－サハ2001－モハ1001。登場時は修善寺方モハ1002にはパンタグラフがなく、中間車サハ2001にパンタグラフがあったが、後に中間車のパンタグラフはモハ1002に移設された。第1次車は先頭車に方向幕がなくデザインは西武601系に似ているが、後に前面窓の内部に行先表示器を設置した。
◎三島二日町〜大場　1988（昭和63）年11月　撮影：山田 亮

西武鉄道の元101系から転属した伊豆箱根1300系電車。
（2枚とも）

　伊豆半島中部の温泉地への観光客輸送を目的に1893（明治26）年、東京の実業家によって豆相（とうそう）鉄道が設立され、1898年6月、三島〜南條（現・伊豆長岡）間が開通した。当時、東海道線は御殿場経由で三島は現在の下土狩である。その後の変遷は複雑だが、1911年に駿豆（すんず）電気鉄道（沼津〜三島広小路間）に買収され、1917（大正6）年に駿豆鉄道となり、1919年には電化された。1923年には堤康次郎（1889〜1964）を総帥とする箱根土地（後のコクド、現プリンスホテル）の傘下になり、現在の西武グループとの関係ができた。

　1924年8月に修善寺まで全線開通し、1934（昭和9）年12月の丹那トンネル開通に伴い起点の三島は現在地に移転した。1941年には大雄山鉄道を合併し大雄山線となり戦後の1949（昭和24）年から週末準急列車が東京〜修善寺間に運転開始された。1957年には伊豆箱根鉄道と改称された。戦後は国鉄から払い下げの戦災国電などが中心だったが、1963年登場の1000系から新車となり、その後に投入された車両も西武色が強いがクロスシート車が多い。1969年4月には新幹線三島駅が開設、1981年から特急「踊り子」が乗り入れ、中伊豆の中心的交通機関である。

伊豆箱根鉄道駿豆線は1898（明治31）年5月に豆相鉄道として三島町（現・三島田町）〜南條（現・伊豆長岡）間が開通。同年6月に東海道線三島町〜三島（現・下土狩）が延長され、当時の官設鉄道と接続。1934（昭和9）年12月1日、丹那トンネル開通に伴い、東海道本線熱海〜沼津間が開通し（新）三島駅開業。同時に駿豆鉄道が三島駅に乗り入れ、三島町〜下土狩（旧・三島）間が廃止。
◎三島
1990（平成2）年5月
撮影：安田就視

伊豆箱根鉄道駿豆線1000系モハ1000形1011を先頭にした3両編成。1000系には西武601系と似た前面の自社発注車（4編成）と元西武501系（3編成）の2種類があるが、この編成は元西武501系である。
◎三島
1980（昭和55）年6月20日
撮影：長谷川 明

三島で発車を待つ伊豆箱根鉄道駿豆線モハ60形66を最後部とする17m車3両の修善寺行。モハ66は国鉄の17m両運転台クモハ12形（旧モハ34形）の払い下げ車で1969年から駿豆線で運行され、1977年に大雄山線に移動し1992年に工事用車両（機関車代用）コデ66となった。右側には1000系モハ1000形1003（自社発注車）が停車している。
◎三島
1979（昭和54）年6月
撮影：長谷川 明

三島で並ぶ3000系クハ3500形3501と1000系自社発注車クハ2000形（車号不明）。3000系は1979年に登場した高性能車で3ドア、セミクロスシート車。1000系（自社発注車）は1963年に旧車の台車、機器を利用し車体を西武所沢工場で新製して登場。釣り掛け式駆動だったが、後に一部編成が新性能化された。
◎三島
1980（昭和55）年6月20日
撮影：長谷川 明

三島に停車中の3000系クモハ3000形3001。3000系は3ドア・セミクロスシートの高性能車で1979〜1982年に毎年1編成ずつ登場した。写真の右側には1000系の元西武501系編成が停車している。
◎三島
1980（昭和55）年6月20日
撮影：長谷川 明

三島で並ぶ伊豆箱根鉄道駿豆線3000系クハ3500形3501と1000系モハ1000形（元西武501系）。奥の国鉄ホームには165系が停車、急行「東海」と思われる。
◎三島
1980（昭和55）年6月20日
撮影：長谷川 明

伊豆箱根鉄道駿豆線を走る
モハ50形51を先頭にした
モハ―サハ―モハの3両編
成。モハ50形は17m戦災国
電（事故車も含む）を国鉄か
ら譲り受け1947〜49年に
復旧した車両。
◎1979（昭和54）年6月
撮影：長谷川 明

元西武501系による1000
系3両編成の三島行。1000
系第5〜7編成は1975〜
79年に西武501系を譲り受
けた。
◎三島二日町〜大場
1988（昭和63）年11月
撮影：山田 亮

元西武701系の1100系3
両編成。冷房化率向上のた
め、1989〜90年に西武
701系を譲り受けた。
◎三島二日町〜大場
2006（平成18年）年3月
撮影：山田 亮

富士山をバックに走る185系5両付属編成による特急「踊り子」。急行「伊豆」は1981年10月改正時から185系の特急「踊り子」になった。
◎三島二日町～大場
1988（昭和63）年11月
撮影：山田 亮

いわゆるブロックパターン塗装になった185系の「踊り子」、田町電車区（後の田町車両センター）の185系は1999年からリニューアルにあわせてブロックパターン塗装になったが、後に登場時の斜めストライプ塗装に戻った。
◎三島二日町～大場
2006（平成18）年3月
撮影：山田 亮

1979年登場の3000系。この編成は1981年に登場した第3編成で、修善寺方はクハ3500形3503。「よいこの絵画展」のヘッドマーク付き。
◎三島二日町～大場
1988（昭和63）年11月
撮影：山田 亮

ED31形ED33。1947年に東芝で製造された戦時標準形40トン凸型電気機関車。1949年に西武鉄道から借り入れ、後に譲り受けた。国鉄から乗り入れの客車列車を牽引したこともある。◎大場車庫　2006（平成18）年3月　撮影：山田 亮

伊豆箱根鉄道駿豆線の3000系。先頭はクモハ3007。3000系は1979年に登場した3ドア、セミクロスシート車。
◎伊豆仁田〜原木　1986（昭和61）年3月31日　撮影：安田就視

国鉄から乗り入れの185系特急「踊り子」5両編成。1981年10月改正時よりそれまでの急行「伊豆」は185系の特急「踊り子」になり、修善寺へは熱海で分割された付属編成5両が乗入れた。登場時185系は側面の斜めストライプ塗装が特徴で、当時としては斬新な塗装として注目された。◎伊豆仁田～原木　1986（昭和61）年3月31日　撮影：安田就視

冷房化率向上のために西武701系を譲り受けた1100系3両編成。画面左からモハ1100－モハ1200－クハ2100。1989～90年に3編成9両が入線し、それに伴い1000系のうち旧西武501系の3編成が廃車された。
◎大仁～牧之郷
1990（平成2）年4月20日
撮影：安田就視

1963年に登場した伊豆箱根鉄道駿豆線1000系第1編成。先頭からモハ1002－サハ2001－モハ1001。先頭車モハ1002にはパンタグラフがなく、中間車サハ2001にパンタグラフがある。先頭デザインは西武601系に似ている。
◎修善寺付近
1968（昭和43）年12月1日
撮影：西原　博

修善寺で並ぶ国鉄から乗り入れの153系急行「伊豆」と伊豆箱根鉄道駿豆線1000系。1000系は1963年に登場した伊豆箱根鉄道初の自社発注車。車体は西武所沢工場製でありも自社大場工場で手持ち部品を利用して艤装を行った。前面は西武601系、701系などと似ている。◎修善寺　1973（昭和48）年7月21日　撮影：安田就視

伊豆箱根鉄道へ乗り入れる153系付属5両編成の急行「伊豆」。1966年3月、100km以上走る準急は急行となったため、東京と伊豆を結ぶ指定席急行は157系と153系で設備に差があるのにかかわらず同じ料金になった。この不合理は1969年4月、157系使用列車が特急「あまぎ」（東京～伊豆急下田間）となって解消したが、同時に157系の伊豆箱根鉄道乗り入れは廃止された。
◎修善寺付近
1968（昭和43）年12月1日
撮影：西原 博

伊豆箱根鉄道修善寺駅は1924（大正13）年8月1日、駿豆鉄道大仁～修善寺間開通に伴い開設。1983年に新駅舎となるが、2014年にさらに新しい駅舎となった。駅前から下田、湯ヶ島、西海岸方面への東海自動車（東海バス）が発車。東海自動車は伊豆半島に強力な地盤を持ち、伊豆箱根鉄道バスの伊豆半島での営業エリアは沼津、三島、伊豆長岡付近に限られ、修善寺乗り入れができなかった。現在では両社は修善寺付近の一部路線で相互乗り入れを行っている。
◎修善寺　1973（昭和48）年7月21日　撮影：安田就視

伊豆箱根鉄道 軌道線

いずはこねてつどう きどうせん

（三島町〜）三島広小路〜沼津駅前

DATA

起点	（三島町〜）三島広小路
終点	沼津駅前
駅数	21駅
開業	1906（明治39）年11月28日
廃止	1963（昭和38）年2月5日
路線距離	5.9km（三島広小路〜沼津駅前）
軌間	1067mm

三島行き203号と沼津行きのモハ8は半鋼製車であった。
◎撮影：園田正雄

当時の三島軌道線は利用客も多く、単車を
2両連結して使用することもあった。
◎撮影：江本廣一

◆伊豆箱根鉄道 軌道線
- 三島町（みしままち）
- 三島広小路（みしまひろこうじ）
- 茶町（ちゃまち）
- 茅町（かやまち）
- 千貫樋（せんがんどい）
- 伏見（ふしみ）
- 玉井寺前（ぎょくせいじまえ）
- 八幡（やはた）
- 長沢（ながさわ）
- 国立病院前（こくりつびょういんまえ）
- 臼井産業前（うすいさんぎょうまえ）
- 木瀬川橋（きせがわばし）
- 黄瀬川〔木瀬川〕（きせがわ）
- 石田（いしだ）
- 麻糸前（あさいとまえ）
- 山王前（さんのうまえ）
- 平町（ひらまち）
- 三枚橋（さんまいばし）
- 志多町〔志太町〕（したまち）
- 追手町〔大手町〕（おうてまち〔おおてまち〕）
- 沼津駅前（ぬまづえきまえ）

沼津市内を走る軌道線のモハ200形202。軌道線は1961年6月の水害で黄瀬川の橋が流失し、沼津駅前～国立病院前間がバス代行輸送になり、1963年2月に残った国立病院前～三島広小路間が廃止された。すでに高度経済成長期が始まり自動車も増えていたが、単線、木造車、ポール集電とあまりにも前時代的で「廃止は当然」との声もあった。
◎追手町　1961（昭和36）年4月2日　撮影：西原 博

　1906（明治39）年11月に静岡県内最初の電車として駿豆電気鉄道沼津駅前～広小路（後の三島広小路）間が開通した。当時、東海道線は御殿場経由で三島駅は現在の下土狩で市街地から離れていた。1908年8月には広小路～三島町（現・三島田町）まで延長されたが、この区間は1914（大正3）年に休止された。1911年には駿豆電気鉄道は伊豆鉄道（後の駿豆線）を買収、1916年には駿豆電気鉄道は電力供給事業を行っていた富士水力電気と合併した。翌1917年には鉄軌道事業が新たに設立された駿豆鉄道に譲渡され同社軌道線となった。軌道線は沼津駅前から三島中心部の三島広小路まで5.9kmを旧東海道の未舗装の道路上を併用軌道で結び、三島広小路で駿豆線と接続した。

　戦後の1957（昭和32）年に駿豆鉄道は伊豆箱根鉄道となったが、単線、ポール集電、木造車と旧態依然の姿だった。1961年6月に黄瀬川に架かる橋が流出し、沼津駅前～国立病院前が運休し代行バスが運転され、1963年2月に残りの国立病院前～三島広小路間が廃止された。同社のバス路線が平行していたこともあって、目立った反対はなかった。

『三島市史』に登場する三島・沼津電車

駿豆電気鉄道の母体とも称すべきものは明治29年6月資本金50万円を以って三島町六反田（東電三島出張所の位置）に創立せられた駿豆電気株式会社である。駿豆電気は仁田大八郎・小柳津五郎・渡辺万介・贄川邦作等を発起者として設立した文化的営利会社で、配電区域も駿東・田方両郡下に及び、後には資本金を100万円に増資して神奈川県湯ヶ原温泉にまで延長した本県最大の電燈会社であった。しかし該社の目的とするところは電燈事業よりも却って将来性のあると考えられている電鉄事業の経営にあったので、明治38年第10期株式総会において重役側からこの建設案を発表したのである。それによると沼津三枚橋より三島広小路に至る旧東海道往還と、更に三枚橋より沼津停車場に至る市街線との連繋敷設、また三島広小路より大中島・小中島両町を経由して三島町停車場に至る市街線、及び小中島町より分岐して伝馬町に至る大社線、更に沼津・鈴川線、沼津・江ノ浦線、三島・湯本線、鈴川・静岡線、吉原・甲府線、修善寺・湯ヶ島・伊東線等十指に余る計画であった。当時の人々はこの発表を聞いて重役たちの経営心理に疑問をさえ抱く者があったが、会社は既定方針通り終始一貫した態度で計画を進めたのである。その結果明治39年10月1日社名も「駿豆電気鉄道株式会社」と改称し多年宿望の三島・沼津間電車の開通が行われるに至ったものである。蓋し本県最初の電車運行であった。当時、電車既設のある都市といえば京都・大阪・東京及び小田原ぐらいのもので、草深い東海道に電車の軋る轟音など誰一人として想像した者はなかった。それが仁田大八郎や贄川邦作・渡辺万介等によって実現されたのであるから、朝野は豆相線開通以上に驚異の眼をみはった。

開通当日は大社前と、小中島・沼津平町の3ヵ所に大緑門を建て、街頭には紅白の幔幕と祝灯を掲げるなど、戦勝景気の横溢した三島・沼津両町民は町を挙げての歓迎だった。碧空に作裂する煙火！地上には仮装行列・山車・屋台などの行進に、町中は人の波で埋まるという景況の中で数百人の来賓を迎えた大祝賀式も開催された。またこの日は電車を民衆に知らしめる意味もあって終日無賃サービス輸送を行なったので、歓喜した沿道の住民は群れをなして電車に殺到するほどの人気で、沼津平町の内藤老などは感極まって「祝開通」と自書した白扇をかざして進行中の電車の前に立ちはだかり、欣喜雀躍、しばし手の舞い足の踏むところを知らなかったといわれる。更に面白いことは当日来賓として出席の李家知事らを乗せた沼津発の電車が途中でエンコしてしまい、とうとう知事一行は徒歩で会場へ辿り着くという珍談などもあるが、主催者にしてみれば笑いどころではない頗る冷汗ものだった。（贄川邦作翁生前の談）

次に当時の株主総会において演説せる渡辺万介専務の手記から、会社主脳部の抱いていた経綸の一端を抄記してみよう。

我駿豆電気鉄道株式会社ハ今ヤ商号ノ改称ト共ニ宿年ノ目的タル電気鉄道ノ開始ヲ見、翻ツテ戦後実業界ノ状勢ヲ顧ミルニ電気事業ト交通機関トハ斯界ノ二大勢力ヲ為シツツアルガ如シ、我会社ハ恰モコノ二者ヲ併有シテ樹ツモノニシテ自カラ静岡県下ニ於ケル斯業ノ指導者ヲ以テ任ズルハ勿論東京ニ接近セルニヨリ近来大ヒニ中央都人士ノ間ニ知ラルルトコロトナリタルヲ以テ一躍日本ノ実業界ニ頭角ヲ顕ハスベキ位置ニ進メリ、而シテ現時ノ事業ハ既ニ当初ニ於ケル予想以上ノ成果ヲ挙ゲタルヲ以テ更ニ発展スベキ気運ニ資スルノ余力ヲ貯ヘザルベカラズ、之ヲ以テ社内ニ臨時建設部ヲ設ケ今ヨリ十数倍ノ規模ヲ企シツツアリ此ノ業ニシテ成ルノ日ハ忽チ雄大ナル我会社ヲ見ルニ至ランカ事業ノ発展夫レカクノ如シ（略）

三島市内電車

本線は明治39年11月、広小路（字六反田1837番の1）から三島町停車場に至る電車市内線で、同40年9月特許を受けたものであるが、同41年2月工事に着手し同年6月20日落成開通した。これまた本県下初めての市内電車であった。これに次いで第2期工事予定の伝馬町に至る大社線は敷地の交渉がまとまらないままに自然、特許放棄という形になって未着手に終ってしまった。

駿豆電気鉄道は創立当初から豆相鉄道を買収して電化する計画を立てていたのであるが、種々と困難なる事情があって予定通りに進行しなかった。然るに該社は伊豆鉄道の買収するところとなって経営は花島系統の銀行関係者に移り、最早ほどこす術もないと考えられていたが、天は銀行関係者に二物を与えなかった。即ち鉄

道経営は金融業者が机上で算盤をはじき利息を生み出すが如き易々たるものではなかったので、遂に駿豆電気鉄道に譲渡の決意をせざるを得なくなった。これについては当時の支配人（駿鉄）である贄川邦作の手記がその真相を伝えているので一部分を掲載する。

伊豆鉄道買収ノ義ハ当会社創立以来ノ宿志ニシテ明治三十八年三月多年交渉ノ結果線路賃貸借ノ仮契約ヲナシタリシモ私設鉄道法ニヨリ同一営業ノ志ニ非レハ賃貸借ノ契約ヲナスヲ得サリシヲ以テ、当局多年ノ苦心モ終ニ無効ニ帰シタリキ当時買収方ヲ伊豆鉄道ヨリ砌ニ申込ミ来リ価格モ亦二十五万円以内ニテ協定ヲ得ヘカリシモ当会社財政ノ上ヨリ之ニ応スル能ハス終ニ好機ヲ逸シタリシハ最モ遺憾トスル所ナリトス、近時伊豆鉄道ノ収入頗ル増大ヲ来タシ一ヶ年総収入四万円内外ナリシモノ戦後一躍シテ昨四十二年ノ如キハ実ニ六万壱千有余円ニ至リ（中略）然ラハ即チ此際相当ナル価格ニ於テ伊豆鉄道買収ノ協定成ルニ於テハ之ヲ買収シテ益々其ノ完備ヲ図リ以テ利益ヲ増進セシムルコト万全ノ策ナリト信ス（略）

かくて駿豆電気鉄道は明治44年10月、鉄道院総裁の裁定価格金60万円を以って伊豆鉄道の買収に成功したのである。

然るに大正5年に至り久しく電力供給契約を行なってきた富士水力電気株式会社との複雑な事情（電鉄乗取策）によって翌6年11月、駿鉄役員総退陣のまま富士水電に吸収合併されるという悲運に遭遇したのであった。従来、駿鉄の重役陣には藤山雷太（社長）・渡辺万介（専務）・贄川邦作（支配人）の3者を主軸とする経営が合理的に行われてきたものであったが、明治44年藤山は東京の事業関係に専念する必要から辞任して相談役となったのを機会に、渡辺万介の社長、贄川邦作の専務という創立当初の席に就いて伊豆鉄道の買収に成功したのであったが、はからずも渡辺社長は上京中に客死するという不幸に見舞われ、代った西沢社長も事業上の失敗（東京の繊維問屋が破産）から会社を退き、その持株は富士水電を掌握しょうとする甲州系の財閥に譲渡されて、会社は次第に不利な立場に追い込まれ、大正5年10月5日遂に贄川専務も退陣を決意して富士水電と合併するに至ったものである。

富士水電の経営に移ってからの駿豆電気鉄道は社名を「駿豆鉄道」と改めた。以来、2、3主脳部の交代なども行われたが、結局箱根土地株式会社によって新しい電鉄経営が軌道に乗り、やがて西武鉄道の経営と併行しつつ大成したものが現在の伊豆箱根鉄道株式会社である（昭和32年5月27日改称、社長大場金太郎、常務鳥羽山康一）同社は社名改称と同時に三島市田町駅前の本社を同市大場町の現在地に移し、電鉄会社以来の旧社屋は駿豆家政学校において使用している。

明治29年3月、高田譲八郎・贄川直一郎等によって沼津・三島間に馬車鉄道を布設する議が起り、静岡の伏見富作・近松貞助・高橋利右衛門・伊藤勝蔵なども発起者に加わったが、ここは既に豆相鉄道の計画線に入っているなどの理由と、今更時代遅れの馬車鉄道でもあるまいということになって、折角内務大臣宛に提出した願書も翌月には早々に取り下げるという結果に終ったのである。更にまた島田与平・沼上繁太郎・鈴木東海夫等によって発起した「豆駿電燈会社」も明治29年8月6日付を以って認可を得、これを母体とする電鉄会社を計画したが、発電所予定地である箱根西坂山田川附近住民の反対から計画は挫折したのであるが、万が一にもこれが計画通りに行われたとすれば、佐野・三島・沼津・長岡を結ぶ電車線が実現されるのであった。

岳南電車 岳南鉄道線

吉原〜岳南江尾

◆岳南電車 岳南鉄道線

- 吉原（よしわら）
- ジヤトコ前（ジヤトコまえ）
- 吉原本町（よしわらほんちょう）
- 本吉原（ほんよしわら）
- 岳南原田（がくなんはらだ）
- 比奈（ひな）
- 岳南富士岡（がくなんふじおか）
- 須津（すど）
- 神谷（かみや）
- 岳南江尾（がくなんえのお）

DATA

起 点	吉原
終 点	岳南江尾
駅 数	10駅
開 業	1949（昭和24）年11月18日
路線距離	9.2km
軌 間	1,067mm

岳南鉄道の終点岳南江尾に停車するモハ1100形1103。モハ1100形は木造車の台車、機器を利用し、日車標準車体を新造した車両で同形車は松本電鉄（現・アルピコ交通）、新潟交通鉄道線（現在は廃止）などにみられる。駅の北側で東海道新幹線と交差し0系が通過している。
◎岳南江尾
1973（昭和48）年9月25日
撮影：安田就視

　1889（明治22）年に開通した国鉄東海道線に鈴川駅が開設されたが旧東海道の宿場町である吉原宿とは距離があった。1890年に鈴川から吉原の中心地を経由し浅間大社への富士馬車鉄道が開通したが、後に廃止された。戦後、駿豆鉄道は鈴川ー吉原中心部ー富士岡間の鉄道を計画し、1948（昭和23）年2月に路線免許が交付された。同年12月には駿豆鉄道が資本金の過半数を出資して岳南鉄道が設立され、翌1949年11月に鈴川ー吉原本町間が開通。1951年12月には岳南富士岡まで開通して沿線の製紙工場への貨物輸送が始まり、1953年1月、岳南江尾まで全線

開通した。

　1956（昭和31）年4月、起点の鈴川は吉原と改称。岳南鉄道は沿線が工場地帯で当初から貨物輸送が活発だった。1964年10月に開通した東海道新幹線は終点の岳南江尾の北側で交差した。車両は開通当初は国鉄、駿豆から譲り受けた木造車が中心だったが、後に鋼製車体に更新された。1981年から東急5000系、1996（平成8）年から京王3000系が入線したが、2012年3月には貨物輸送が廃止され、翌4月から岳南電車と改称。近年の「工場萌え」ブームで車窓から工場を眺められる電車としても注目される。

元京王帝都5000系の岳南9000形電車。

元井の頭線3000系の中間車を両運転台化した岳南7000形電車。

東急から「青ガエル」デハ
5000系を譲り受け1981
年に入線したモハ5000系。
岳南ではオレンジ色に塗ら
れ「赤ガエル」と呼ばれた。
◎吉原
1983（昭和58）年4月
撮影：西原 博

ED10形ED103が牽引する
貨物列車。ED103は1949
年、大井川鉄道電化時に
E103として日立製作所で
製造。1970年に岳南が譲
り受け。1986年に廃車。
◎吉原
1983（昭和58）年4月
撮影：西原 博

駿豆鉄道から譲り受けた木
造車を1961年に鋼体化し
たモハ1100形1103。2両
目、4両目は元小田急のデハ
1600形を譲り受けたモ
ハ1600形。3両目は小田
急デハ1600形をクハ化し
たクハ2100形かクハ2600
形。これらの車両はモハ
5000系（元東急5000系）の
入線に伴い1981年に廃車。
◎岳南原田
1978（昭和53）11月11日
撮影：長谷川 明

吉原行上り電車から撮影したED28形
ED281。製紙工場からの紙輸送貨物列車
（ワム80000形）を牽引。
◎岳南原田
1978（昭和53）11月11日
撮影：長谷川 明

岳南鉄道の比奈におけるED50形ED501の入換え風景。ED501は1928年川崎造船所で製造で上田温泉電軌（長野県）で使用。
1969年に名鉄から借り入れ、翌年に譲り受けた。◎比奈　2006（平成18）年３月　撮影：山田 亮

ED50ED501とED40形ED402の並び。ED402はオリジナル塗装のチョコレート色のまま。ED402とED403は現在は2両とも岳南富士岡の「がくてつ機関車ひろば」で保存展示されている。
◎比奈
2006（平成18）年3月
撮影：山田 亮

赤とクリーム色の塗装になったED40形ED403率引の貨物列車。ED40形は1965年日本車輛製で元松本電鉄（現・アルピコ交通）でダム建設資材輸送に使用された電気機関車。
◎比奈
2006（平成18）年3月
撮影：山田 亮

モハ7000形7002とED50形ED501の並び。モハ7000形は元京王帝都井の頭線3000系の中間車デハ3100形を1972～73年に両運転台にした車両。
◎比奈
2006（平成18）年3月
撮影：山田 亮

製紙工場への引き込み線のある岳南原田に到着するクハ2600形2601とモハ1100形の2両編成。バックは大昭和製紙（現・日本製紙）吉永工場。
◎岳南原田
1978（昭和53）11月11日
撮影：長谷川 明

終点岳南江尾に近い神谷付近を走るモハ1100形1107（実質的にはクハ）とモハ1100形1106の2両編成。バックは愛鷹山の裾野。モハ1100形1107は旧小田急車でモハを名乗るが電装は撤去され実質的にクハ。モハ1100形1106は元駿豆鉄道（現・伊豆箱根鉄道駿豆線）の木造車を1963年に鋼体化した車両。
◎神谷～岳南江尾
1978（昭和53）年11月11日
撮影：長谷川 明

終点岳南江尾に近い急カーブを行くクハ2600形2601とモハ1100形の2両編成。クハ2601は元小田急デハ1600形で1972年に運行開始。1981年に廃車。
◎神谷～岳南江尾
1978（昭和53）年11月11日
撮影：長谷川 明

ED29形ED291。1927年日本車輛で製造された元豊川鉄道（現・JR飯田線の一部）の電気機関車で1943年に国有化され、1952年の改番でED29型ED291となった。1959年に岳南鉄道が譲り受けたが、形式および番号は変わらず。出力が小さく入換え用として使用された。現在では岳南富士岡駅の「がくてつ機関車ひろば」で展示。
◎岳南原田　1978（昭和53）11月11日　撮影：長谷川 明

モハ1100形1101と旧小田急のクハの２両編成の岳南江尾行。岳南鉄道は沿線工場の貨物輸送が多く貨車中継を行った。モハ1100形1101は国鉄から譲り受けた旧伊那電気鉄道の木造車を1959年に鋼体化（車体を新製）した車両。
◎1978（昭和53）11月11日　撮影：長谷川 明

ED28形ED281が牽引する貨物列車。ED281は元小田急のデキ1021で1930年川崎車輌製。岳南鉄道が譲り受け1969年に入線。貨物輸送縮小にともない1988年に廃車。岳南鉄道での貨物列車運転は2012年3月に廃止された。
◎岳南原田　1978（昭和53）11月11日　撮影：長谷川 明

岳南鉄道の比奈車庫で休むモハ1100形1105と電気機関車ED40形ED402。左側のモハ1100形1105は元武蔵野鉄道のサハが1960年に車体新造（鋼体化）されステンレス車体となった。1981年に廃車。右側のED40形ED402は1965年に松本電気鉄道（現・アルピコ交通上高地線）での電源開発工事資材輸送用として日本車輌で製造された電気機関車でED402、403の2両があった。1971年に譲り受け。現在は2両とも岳南富士岡の「がくてつ機関車ひろば」で保存展示されている。
◎比奈　1978（昭和53）11月11日　撮影：長谷川 明

旧京王井の頭線3000系のモハ7000形7001。旧京王帝都電鉄（現・京王電鉄）井の頭線3000系の中間車デハ3100形を両運転台にした車両で、1996年に入線した。翌1997年にモハ7002、7003も入線した。（モハ7002は後に廃車）、他に旧京王3000系のモハ8001－クハ8101が（2002年入線）がある。◎須津～神谷　1999（平成11）年2月15日　撮影：安田就視

モハ1600形1602を先頭にした旧小田急車の3両編成。モハ1600形は元小田急デハ1600形で「関東私鉄の名車」といわれた。1972年に岳南へ入線。2両目、3両目も元小田急のサハ1955形1955とモハ1900形1905で1976年に入線。3両とも東急5000系入線に伴い1981年に廃車。◎神谷～岳南江尾　1980（昭和55）年4月24日　撮影：安田就視

元伊那電気鉄道（現・飯田線天竜峡以北）のデキ21で1927年に三菱電機で製造された凸型電気機関車。戦時中に国有化。戦後、国鉄ED32形ED321となる。1960年に岳南鉄道が国鉄から譲り受け。長らく岳南江尾構内に留置されていたが1980年に廃車。交差する東海道新幹線には防音壁が設置されている。
◎岳南江尾
1980（昭和55）年4月24日
撮影：安田就視

岳南江尾におけるモハ5000系「赤ガエル」の並び。吉原方はクハ5100形で左がクハ5103、右がクハ5104。
◎岳南江尾
1989（平成元）年1月
撮影：山田 亮

赤ガエルと呼ばれた元東急5000系のモハ5000系。写真右奥にはED32形E321が留置されている。
◎岳南江尾
1989（平成元）年1月
撮影：山田 亮

富士山をバックに走るモハ1107とモハ1106。左のモハ1100形1107は旧小田急クハ1300形で1969年に岳南へ入線。電装されモハ1107となったが、後に電装が解除され実質的にクハになったが記号はモハのままで、1981年に廃車。右のモハ1100形1106は元駿豆鉄道（現・伊豆箱根鉄道駿豆線）の木造車を1963年に鋼体化し日車標準車体となった車両。1981年に廃車。◎岳南富士岡～須津　1981（昭和56）年3月18日　撮影：安田就視

しずおかてつどう しずおかしみずせん
静岡鉄道-静岡清水線
新静岡～新清水

1973年に登場した静岡鉄道1000形電車は半世紀にわたり活躍した。

2016年に登場したA3000形電車は鉄道友の会のローレル賞を受賞。

◆静岡鉄道 静岡清水線

● 新静岡 (しんしずおか)
● 日吉町 (ひよしちょう)
● 音羽町 (おとわちょう)
● 春日町 (かすがちょう)
● 柚木 (ゆのき)
● 長沼 (ながぬま)
● 古庄 (ふるしょう)
● 県総合運動場 (けんそうごううんどうじょう)
● 県立美術館前 (けんりつびじゅつかんまえ)
● 草薙 (くさなぎ)
● 御門台 (みかどだい)
● 狐ヶ崎 (きつねがさき)
● 桜橋 (さくらばし)
● 入江岡 (いりえおか)
● 新清水 (しんしみず)

DATA

起 点	新静岡
終 点	新清水
駅 数	15駅
開 業	1908 (明治41) 年5月18日
路線距離	11.0km
軌 間	1,067mm

新静岡を発車するクモハ1000形1001とクハ1500形1501の編成。国鉄 (JR) 静岡駅は1979年に高架化、駅前広場が整備されたが、そこから徒歩5分ほどの繁華街の中にある新静岡駅は地上駅のままだが大型商業施設「新静岡セノバ」が併設され、その1階に改札とホームがある。
◎新静岡
1976 (昭和51) 年1月
撮影：長谷川 明

　静岡は茶 (静岡茶) の産地である。明治中期、清水港が茶の輸出のための積出港に指定されたが、そこへの輸送機関として軌間762mmの軽便鉄道が計画され、1906 (明治39) 年に静岡鉄道 (初代) が設立された。1908年5月、辻村 (現・新清水) ～清水町 (後の波止場) 間が開通、同年8月には社名が大日本軌道静岡支社となり、同年12月に鷹匠町 (現・新静岡) ～辻村 (現・新清水) 間が開通し、港に近い清水町まで直通した。1919 (大正8) 年には駿遠電気と改称、翌1920年8月には電化され、1067mmに改軌された。1923年には社名が静岡電気鉄道となった。

　その後、静岡清水線は1934 (昭和9) 年8月に全線が複線化され今日の基盤ができた。戦時中の1943年には藤相鉄道、中遠鉄道 (いずれも駿遠線) および静岡のバス会社を合併し、現在の静岡鉄道となった。戦争末期には空襲の被害で清水相生町 (現・新清水) ～波止場間が休止され、後に1948 (昭和23) 年に廃止された。新静岡～新清水間は都市間連絡鉄道としてフリークエントサービスが行われ、1973年には東急7200系に似た1000形、2016 (平成28) 年にはA3000形が投入され、大手民鉄と同じレベルである。

クハ1509－クモハ1009の1000系2両編成。1973年に登場した1000形は東急車輌製で側面は東急7200系とほぼ同じだが、前面の大きなガラス窓が特徴である。1974年鉄道友の会ローレル賞の有力候補だったが受賞できなかった。静岡鉄道では2017年にＡ3000形がローレル賞を受賞している。
◎運動場前（現・県総合運動場）～古庄　1980（昭和55）年8月14日　撮影：安田就視

東海道本線と交差（オーバークロス）する静岡鉄道静岡清水線。300形クモハ302ークハ302の2両編成。300形は1966〜67年に自社長沼工場で製造された新性能車で3編成6両がある。下は静岡貨物駅で入換えのDD13形ディーゼル機関車と控車（操車係が乗る車両）が見える。写真右下に新幹線が通っている。
◎運動場前（現・県総合運動場）〜古庄
1980（昭和55）年8月17日
撮影：安田就視

国鉄東海道本線と新幹線の上を越える築堤を走る300形クモハ301とクハ301の2両編成。新幹線をオーバークロスする私鉄は珍しい。◎運動場前（現・県総合運動場）〜古庄　1980（昭和55）年8月14日　撮影：安田就視

静岡鉄道長沼工場の入換車として使用されていたクモハ18形20。1930年製造の元鶴見臨港鉄道（現・JR鶴見線）の車両で、戦後は国鉄可部線（広島県）などで運行、1957年に国鉄から譲り受け。営業から引退後も入換車、深夜の保線用車（バラスト運搬車牽引）などに使用され1982年に廃車。◎長沼　1976（昭和51）年11月　撮影：長谷川 明

静岡鉄道351形クモハ351－クモハ352の2両編成。351形は、形態は300形に準ずるが1968年に旧形車の台車、機器を利用して自社長沼工場で車体を新造した。最後まで釣り掛け駆動で1984年に廃車。日立電鉄へ譲渡。
◎狐ヶ崎ヤングランド前（現・狐ヶ崎）　1972（昭和47）年1月4日　撮影：西原 博

新清水から新静岡へ向かうクハ300形301とクモハ300形301の2両編成。静岡鉄道静岡清水線は新静岡－新清水間10.0kmを結ぶ都市間連絡路線（現在は清水市も静岡市と合併）でフリークエントサービスが特徴。
◎長沼　1976（昭和51）年11月　撮影：長谷川 明

静岡鉄道（静岡清水線）のクモハ1000形1007。クハ1500形1507と2両編成でコンビを組む。1000形は1973年に登場したオールステンレス車。東急車輌製で側面は東急7200系とよく似ている。1985年までに12編成24両が登場。後に全車が冷房車となる。◎長沼　1976（昭和51）年11月　撮影：長谷川 明

静岡鉄道 静岡市内線

しずおかてつどう しずおかしないせん

静岡駅前～安西

◆静岡鉄道 静岡市内線

- 静岡駅前（しずおかえきまえ）
- 新静岡（しんしずおか）
- 県庁前（けんちょうまえ）
- 中町（なかちょう）
- 呉服町（ごふくちょう）
- 金座町（きんざまち）
- 茶町（ちゃまち）
- 安西（あんざい）

DATA

起 点	静岡駅前
終 点	安西
駅 数	8駅
開 業	1922（大正11）年6月28日
廃 止	1962（昭和37）年9月15日
路線距離	2.0km
軌 間	1,067mm

駿府城跡のお堀に沿って走る静岡市内線の
モハ55形57。1955年に木造車を自社工場
でボギー車にした。バックに静岡県庁舎が
見える。
◎撮影：望月 泉

静岡市内の路面電車で1922（大正11）年6月、鷹匠町（現・新静岡）～静岡駅間500mを結ぶ路線が開通し静岡清水線と連絡した。1925年には鷹匠町から追手（おうて）町（後の中町）まで延長され、清水方面との直通運転が始まり、1929（昭和4）年4月には安西（あんざい）まで全線開通した。「鉄道省編纂、汽車時間表」1934年12月号（復刻版）には静岡電気鉄道線の欄に静岡清水線安西～鷹匠町～清水間13.7kmと駅前線静岡駅前～鷹匠町間0.6kmが記載され、安西～清水間所要34分・12分間隔となっていて、市内線と静岡清水線が直通運転していたことがわかる。安西～音羽町間、鷹匠町～清水間の区間運転もある。駅前線は所要3分・6分間隔である。

戦後の「交通公社時刻表」1961年10月号（復刻版）には、静岡市内線として静岡駅前～横砂間、5：55～22：12、10分毎運転、2.0km、所要10分、清水市内線として港橋～安西間、5：30～22：40、7～16分毎運転、4.7km、所要20分と記載されているが、誤植があり静岡市内線は静岡駅前～安西間、清水市内線は港橋～横砂間が正しい。静岡市内線は1962年9月15日付で廃止された。

59号電車は1929年日本車輌
製。四輪単車からボギー車
に改造された。
◎撮影：望月 泉

63

静岡鉄道 清水市内線

港橋～横砂

◆静岡鉄道 清水市内線

- 港橋（みなとばし）
- 万世町（まんせいちょう）
- 市役所前（しやくしょまえ）
- 新清水（しんしみず）
- 仲浜町（なかはまちょう）
- 清水駅前（しみずえきまえ）
- 辻町（つじまち）
- 秋葉道（あきはまち）
- 西久保（にしくぼ）
- 愛染町（あいぞめちょう）
- 嶺（みね）
- 鈴木島（すきじま）
- 袖師（そでし）
- 横砂（よこすな）

DATA

起 点	港橋
終 点	横砂
駅 数	14駅
開 業	1928（昭和3）年12月25日
廃 止	1975（昭和50）年3月22日
路線距離	4.6km
軌 間	1,067mm

安全地帯のない港橋で発車を待つモハ60形。運転系統は港橋～横砂の全区間系統、複線区間の港橋～西久保系統の2系統があった。いずれもラッシュ時10分、閑散時15分の運転間隔だった。
◎港橋　1972（昭和47）年1月4日
撮影：西原 博

　1928（昭和3）年12月に静岡電気鉄道清水市内線として港橋～江尻新道（現・新清水）間が開通、翌1929年7月、江尻新道～横砂間が開通した。両線は東海道線によって分断されていたが、1933年3月、江尻跨線橋が開通し港橋～横砂間4.6kmが直通し、港橋～西久保間が複線でその先は単線だった。当初計画の興津（横砂から約2km）までは実現しなかった。なお、1889年2月開通の東海道線は駅名は旧東海道江尻宿にちなんで江尻となり、1934年12月に清水に改称されている。
　「鉄道省編纂汽車時間表」1940年10月号（復刻版）

には興津港橋線として、港橋～横砂間が掲載されているが、それとは別に静岡清水線として安西（静岡市内線）～清水波止場間が掲載され、静岡市内から直通運転されている。今の新清水から港に向かって2本の路線があったことになる。波止場線は戦争末期の空襲で清水相生町（現・新清水）～波止場間が休止され、1948（昭和23）年に廃止されているが、1944年7月から国鉄清水港線清水～三保間が旅客営業を開始したことも関係している。1974年7月、集中豪雨で清水市内線は不通になり、復旧することなく1975年3月22日付で廃止された。

清水市内線では、港から清水の駅前
を通って複線の軌道が道路の中央に
敷かれていた。
◎撮影：髙井薫平

静岡鉄道 駿遠線

駿河岡部〜新袋井

　藤枝北部の大手から藤枝を経由、海沿いの集落を結び御前崎近くを迂回し袋井まで64.6km、新藤枝〜新袋井間は60.7km、軌間1067mmで日本最長の軽便鉄道といわれた。藤枝方は藤相（とうそう）鉄道として1913（大正2）年11月、藤枝の中心である大手〜新藤枝間が開通、以降延伸を重ね1926年に地頭方（じとうがた）まで開通した。途中大井川は木製の人道橋で徒歩連絡、後に人道橋上に人車軌道が敷設、1937年に鉄道専用橋ができたが、橋げたは鉄製であるものの橋脚は木だった。袋井方は中遠（ちゅうえん）鉄道として1914年1月、新袋井〜新横須賀間が開通、1927年4月に新三俣まで開通した。戦時中の1943年5月には静岡電気鉄道、藤相鉄道、中遠鉄道、静岡付近のバス会社を統合して静岡鉄道となった。

　戦後の1948年1月には中遠線が池新田（後の浜岡町）まで延長され、同年9月には地頭方〜池新田間が開通して東西が結ばれ駿遠線となったが、最後の開通区間は砂丘地帯で乗客は少なかった。1964年9月、大手〜新藤枝間、堀野新田〜新三俣間が廃止され、1970年8月1日付で最後の新藤枝〜大井川間が廃止された。駿遠線は鉄道ファンに人気があり、SLの足回りを転用した小型ディーゼル機関車は蒙古の戦車と呼ばれた。

◆静岡鉄道 駿遠線

● 駿河岡部 (するがおかべ)	● 榛原町 (はいばらちょう)
● 横内 (よこうち)	● 片浜 (かたはま)
● 八幡橋 (やわたばし)	● 太田浜 (おおたはま)
● 水守 (みずもり)	● 相良 (さがら)
● 農学校前 (のうがっこうまえ)	● 新相良 (しんさがら)
● 大手 (おおて)	● 波津 (はづ)
● 慶全寺前 (けいぜんじまえ)	● 須々木 (すすき)
● 藤枝本町 (ふじえだほんまち)	● 落居 (おちい)
● 瀬戸川 (せとがわ)	● 地頭方 (じとうがた)
● 志太 (しだ)	● 堀野新田 (ほりのしんでん)
● 青木 (あおき)	● 玄保 (げんぼ)
● 新藤枝 (しんふじえだ)	● 遠州佐倉 (えんしゅうさくら)
● 高洲 (たかす)	● 桜ヶ池 (さくらがいけ)
● 大洲 (おおす)	● 浜岡町 (はまおかちょう)
● 上新田 (かみしんでん)	● 塩原新田 (しおばらしんでん)
● 相川 (あいかわ)	● 合戸 (ごうど)
● 大井川 (おおいがわ)	● 千浜 (ちはま)
● 大幡 (おおはた)	● (臨) 国安海岸 (くにやすかいがん)
● 遠州神戸 (えんしゅうかんど)	● 西千浜 (にしちはま)
● 上吉田 (かみよしだ)	● 新三俣 (しんみつまた)
● 下吉田 (しもよしだ)	● 南大坂 (みなみおおさか)
● 根松 (こんまつ)	● 谷口 (やぐち)
● 細江 (ほそえ)	● 野賀 (のが)
● 静波 (しずなみ)	● 野中 (のなか)
	● 河原町 (かわらまち)
	● 新横須賀 (しんよこすか)
	● 七軒町 (しちけんちょう)
	● (貨) 新川西 (しんかわにし)
	● 石津 (いしづ)
	● 新三輪 (しんみわ)
	● 新岡崎 (しんおかざき)
	● 五十岡 (いごおか)
	● 浅名 (あさな)
	● 芝 (しば)
	● 諸井 (もろい)
	● 柳原 (やなぎはら)
	● 新袋井 (しんふくろい)

今は「原発の街」になった浜岡町付近を走るキハD10。この車両は赤穂鉄道 (兵庫県) からの転入車。この区間は1964年9月に廃止となった。
◎浜岡町
1964 (昭和39) 年9月13日
撮影：西原 博

新三輪付近を走る駿遠線の旅客列車。
◎撮影：園田正雄

DATA

起 点	大手 (全通時)
終 点	新袋井
駅 数	61駅
開 業	1913 (大正2) 年11月16日 (藤相鉄道)
	1914 (大正3) 年1月12日 (中遠鉄道)
廃 止	1970 (昭和45) 年8月1日
路線距離	64.6km (全通時)
軌 間	762mm

『御前崎町史』に登場する駿遠鉄道

藤相線相良－地頭方間の開通

　大正15（1926）年4月27日に藤枝大手を起点とする藤相鉄道が地頭方まで延長された。それまで鉄道の恩恵に浴さなかった御前崎地域の人々にもようやく鉄道が身近な交通手段になった。この藤相鉄道はいわゆる軽便鉄道で、軌道幅が国鉄の1435m/mに対して762m/mと狭かった。軽便鉄道は明治末期から大正初期にかけての建設ブームの中でその多くが開業した。軽便鉄道の利点は軌道が小さいことから車両や機関車が安上がりで、建設費も少なくてすむことにあり、通常の鉄道と比べその敷設は比較的容易であった。明治政府は地方における鉄道敷設の要望に応えるために、この軽便鉄道敷設を地域開発の重要な柱と位置づけ、明治43（1910）年8月に軽便鉄道法、同45年に軽便鉄道補助法を施行し、軽便鉄道政策を国の鉄道政策として強力に推進した。両法は地方の小鉄道の建設促進を意図したものであったが、この施行によって各地域で自発的な鉄道建設計画が続々と立案された。こうして明治40年代においては民間の鉄道会社が各地で誕生し、軽便鉄道の建設ブームが起こったのである。

　特に東海道線を宿場筋に持っていかれた榛原郡海岸筋の人々の鉄道に対するおもいは強く、地域振興のためにも鉄道建設は不可欠であった。明治20年代はじめに東海道線が敷設されたとき、この地域の人々、特に相良港の回船業者は、鉄道が建設されると多くの船荷や乗客が奪われることを恐れ、漁民などを使って強力な敷設反対運動を展開し、そのことが内陸の宿場筋に東海道線が建設された原因に1つになったと言われる。原因はそればかりでなく静岡・浜松間の所要時間が海岸筋の方が長いということの方が決定的であったが、いずれにしても東海道線の開通後回船業は大きな打撃を受け、海岸筋の地域は発展から取り残されたような状況になった。

　明治末に鉄道の重要性を改めて認識した榛原郡の海岸筋の人々は鉄道敷設の運動を積極的に展開するようになった。明治40（1907）年に当時の相良町長相川諦をはじめ川崎町長戸塚国次郎ら5名は相良町より藤枝停車場（志太郡藤枝町）までの交通機関調査の参考にするために、名古屋から春日井郡瀬戸町に至る瀬戸自動鉄道の工事

現場を視察するとともに、翌41年には相良・藤枝間の実地調査を実施した。相良と藤枝を結ぶ「藤枝鉄道」敷設の運動は藤枝町の側でも進行した。藤枝では旧藤枝宿の人々を中心に始まった。明治22（1889）年東海道線が開通したとき、藤枝駅は藤枝宿から離れた青島村（現在の藤枝市）に設置された。駅が設置されると荷車・人力車などの客が汽車に奪われることを恐れた宿場町の人々の反対が強かったからであった。しかし鉄道が開通すると青島の発展とは対照的に藤枝宿の衰退は著しいものがあった。このため藤枝を起点に東海道線から離れた榛原郡の海岸筋を結び相良町に至る藤相鉄道を敷設すべく、明治44年11月に資本金30万円で「藤相軽便鉄道会社」を設立し、初代社長に藤枝町下伝馬の実業家の笹野甚四郎を選んだ。

　一方この計画とは別に志太郡では別の軽便鉄道計画があった。明治43（1910）年12月に政友会の江間俊一と戸塚国次郎は中島茂光、笠原信太郎、杉浦角次郎らとはかり、焼津を起点に榛原郡の海岸筋を結ぶ「駿遠鉄道株式会社」を設立した。こうして同じ様な路線の藤相・駿遠両社は施工認可を求めて競うことになった。

　明治43年12月に提出された「駿遠鉄道敷設許可願」によると、駿遠鉄道は志太郡焼津町を起点に大井川を渡り榛原郡吉田村、川崎町、相良町などを経て、地頭方村、小笠郡佐倉村、池新田村、横須賀村、磐田郡福島村などより同郡中泉町に至る延長45マイルの軽便鉄道で、会社は資本金120万円で設立され、本社は榛原郡川崎町に置かれた。同社の計画では線路の軌間は2呎6吋で、10噸の蒸気機関車を使用し、焼津・中泉間の所要時間は5時間で運行し、焼津・相良間で運搬が見込まれる貨物として、穀物・石油・肥料・甘藷・茶・塩などの沿線地域の産物があげられている。

　また榛原郡の海岸筋ではこの他の鉄道計画として明治44年の藤枝を起点に榛原郡川崎町・相良町、小笠郡池新田、横須賀、磐田郡福田、掛塚を経て浜松町まで日英水力電気を利用した電気鉄道の「駿遠電鉄」の計画や、大正13（1924）年の相良と金谷を結ぶ金良鉄道などがあったがいずれも構想の段階に留まった。

　当時の新聞によると焼津と藤枝を比べると、水産業が発展し経済的地位の高い焼津の方が海岸筋と結ばれることによる経済的波及効果が大

きいことなどを理由に「駿遠鉄道」の方が実現性が高いという評判であった。藤相鉄道が藤枝を起点とし相良まで、駿遠が焼津を起点に中泉町までと路線に違いはあったが、志太から大井川を渡り榛原郡下を相良まで至る路線はほぼ同じで、測量した線が交差するところではどちらが高架にするかで対立した。大正元（1912）年7月に藤相鉄道は大手（藤枝）・大洲村の工事施行認可を受け、さっそく鉄道建設に着手した。一方駿遠鉄道は同年11月に施工認可を受けたが、実際に工事に着手したのは翌年の5月になってからであった。藤相鉄道は大正2（1913）年11月に藤枝大手と藤枝新駅間の3.9キロメートルの開業を手始めに、翌3（1914）年9月には大井川まで6.3キロメートルが、4年5月には大井川右岸の大幡・細江間が開通した。藤相鉄道は資金難から大井川に鉄道専用の橋を建設できなかったため、大井川まで来た客は1度軽便を降りて富士見橋を歩いて渡り、大幡で乗り換えなければならなかった。同年9月には遠州川崎まで開通し、11月には同社が富士見橋を買収して橋の上にレールを敷き人車を走らせることになった。その後大正7（1918）年6月16日に川崎・相良間が開通し、はじめて藤枝と相良が鉄道で結ばれた。

去十六日より榛原郡川崎相良町間を開通して全線開通せる藤相鉄道は同日午後四時より相良驛前の式場に於て開通式典を挙行したり、来賓は鉄道院技師渡邊嘉男同参事児玉邑雄氏を始めとして本県豊田警察部長志太郡長代理関係町村長銀行運送店主任地方有志並新聞記者二百名に達したり、笹野藤相社長は起つて工事の経過を叙し地方官民諸子の尽力にて開通を得たるを謝する旨の挨拶をした。因みに川崎相良町間は距離三哩八に過ぎざるも相良町民は此鉄道開通に依つて受くる利便頗る多く従来腕車賃金は川崎相良間五十銭乃至七十銭を要したるも十二銭にて足り貨物は茶十八貫一梱の運賃同十銭を要したるが四銭強にて運送され而も馬力等を以てすれば朝相良を発して夕方漸く藤枝駅より鉄道に積込むに過ぎさるに此開通後は夜八時の終列車にて相良を発すれば該荷物は翌朝既に静岡駅に到着しある等時間と賃金に於て享受する利益鮮少ならずと云えば同地方の産業開発等に貢献する所多大なるべし。

ところで、「駿遠鉄道」の方はどうなったかというと、同社は竣工期限を大正5（1916）年に至っても多少の用地買収をしたのみでほとんど工事は行われていず、2年間の期限延長をした

が、同7年に至っても同様で、再度の延長願いも鉄道院により却下されてしまった。工事が進展しなかったのは、大正3年頃同社が重役の不祥事により資金難に陥り、経営陣と株主が対立し裁判にまで至るという内部抗争により事業を遂行できなくなってしまったからである。こうして駿遠鉄道はなすすべもなく大正7年5月17日に会社解散に追い込まれてしまった。

藤相鉄道については大正13年4月に大井川に新富士見橋が建設された。これによってそれまで大井川・大幡間で運行されていた人車が廃止され、新藤枝・相良間の全線で軽便が運行されることになった。この新富士見橋の建設を契機に藤相鉄道は運行便数を増加させるとともに、地頭方村地頭方までの延長を計画し、大正13年頃に御前崎地域で同社株の募集を行った。この区間は延長約3哩半（約4.8キロメートル）で総工費は約25万円であった。当時の新聞（静岡新報大正13年6月27日）には、「この区間の開通によって交通の便が良くなるのは勿論であるが、同地方特産の甘藷切干・石油が容易に搬出できるのみならず、地頭方・御前崎・白羽村一帯は漁業地なので、漁船・回船の避難港あるいは漁港を開設するという話もあり、遠からず同地方の繁栄も期待できる」という記事が掲載されていた。同区間の工事は大正14年8月から始まり、翌大正15年4月21日には竣工し、4月26日に新設された地頭方駅において開通式が挙行された。相良・地頭方間に相良新駅・波津・須々木・落居の4駅が建設された。大正15年4月27日の静岡新報は開通式について次のように報じている。

地頭方まで路線が延長された直後の昭和2年度における相良・地頭方間の6駅の営業成績によると同区間で乗降客の多いのは相良および地頭方の両駅で、相良は乗降客の合計が82,216人、地頭方は同じく43,515人を数える。これら両駅に次いで乗降客が多いのが相良新駅の20,958人である。これに対して他の3駅は乗降客が1万人前後およびそれ未満で、特に落居駅が5,839人と少ない。この数字は藤相線全線の中で太田濱駅（相良町）に次いで少ないものであった。

こうして藤相線が地頭方まで延長されると隣接した御前崎地域の人々にとっても鉄道は身近なものになった。もっとも当時の人々にとって藤相線は運賃が高くいわば高嶺の花で、近距離の相良などへ行く場合は徒歩で行く人が多かったということである。

『大井川町史』に登場する藤相鉄道

明治20（1887）年5月18日私設鉄道条例が公布されると各地に私設鉄道敷設の動きが起ったが鉄道施設には莫大な資金を要するため人夫が押す人車鉄道、馬が曳く馬車鉄道、小型の蒸気機関車が牽引する軽便鉄道が主で、軌間も狭軌の東海道鉄道1067ミリメートルより更に狭い606ミリメートル・610ミリメートル・762ミリメートルというものであった。

その後明治43年新たに軽便鉄道法、翌44年軽便鉄道補助法が公布されて地方鉄道建設に政府が便宜をはかり、金銭的にも援助するようになると各地で続々とこれら地方鉄道の建設が始った。

志太地域では先ず明治31（1898）年4月島田・向谷間の島田軌道（資本金2万5000円）が開業した。もっともこれは向谷に集る筏流しの木材を東海道線島田停車場に運搬するための人車鉄道で旅客を対象とするものではなかった。

次いで明治34年頃政友会々員の本間俊一が東海道線焼津停車場を起点として静浜街道（俗称池谷街道）沿いに志太平野南部を通り、榛原郡川崎町（榛原町）・相良町・小笠郡大須賀村横須賀（大須賀町）を経て東海道線中泉停車場（現磐田駅）に連絡する延長72.4キロメートルの駿遠軽便鉄道の建設を計画し、大正元（1912　明治45）年無条件起工の許可を得て路線の測量を開始した。

若しこの軽便鉄道が実現すれば志太山地の茶・蜜柑・椎茸などの物資の集散地としての藤枝の地位は焼津町（明治34年町制施行）に奪われることは目に見えていた。

そこでこれに対抗して藤枝町下伝馬出身の笹野甚四郎（1853～1928）は藤枝町から藤枝停車場に、さらに榛原郡南部に至る軽便鉄道の建設計画を立て、関係町村青島・高洲・大洲・相川・吉田・川崎・相良などの有力者を説得し、明治44（1911）年1月15日軽便鉄道敷設の願書を提出すると共に、この計画の実現を確実にするために当時興津の長者山に別荘を構えていた井上馨らに働きかけ、同年8月28日藤枝町より川崎町静波に至る延長12マイル（18キロメートル余）の許可を得、11月25日資本金30万円をもって藤相鉄道株式会社を設立、笹野自身その社長となった（社長在任期間明治44年11月25日～昭和2年7月）。

大正元（1912）年12月24日起工式、大正2年2月25日着工、同年10月11日竣工、10月16日開業。軌間は762ミリメートル（東海道線は1067ミリ新幹線は1435ミリ）の狭軌、蒸気機関車はドイツ製のコッペル蒸気機関車である。駅は国鉄の藤枝停車場と区別するため「藤枝新」駅と名付け、藤枝停車場より約100メートル北の前島652の2（現駅前1丁目丸十ガレージ前）に設け、以下「青木」・「志太」・「瀬戸川」・「岡出山」・「慶全寺」そして終点の「大手」（現大手1丁目静岡鉄道藤枝営業所）と7駅を設けた。しかし当時はまだ軽便を利用することは贅沢と考えられ、藤枝停車場に近い青木・志太の両駅は利用客も少なく、間もなく廃止された。

第2期線　藤枝新～大井川　6.8キロメートル

大正3（1914）年2月15日着工、同年8月31日竣工、9月3日開通。駅は「大洲」・「上新田」・「相川」・「大井川」の5駅（高洲駅の開設は戦後の昭和27年9月1日）で、東海道本線との交差点は本線上を跨線橋で渡った。なお当時の大井川駅は大井川の旧堤と新堤の間の河川敷上に盛土してつくられた（現静鉄建設工業K・K大井川工場の所）が当時ここには公認の藤枝競馬倶楽部「相川競馬場」が隣接していたため春秋の競馬会には全国より名馬が集まり多くの観客で賑わった。

第3期線　大幡～細江　6.1キロメートル

大正4（1915）年1月5日着工、同年4月28日竣工、5月1日開通、設置駅は「大幡」・「遠州神戸」・「上吉田」・「根松」・「細江」の5駅である。当時大井川への架橋は経費面からも技術上からも困難のため専用橋の架橋を見合わせ、旅客は大井川駅・大幡駅間を有料の国富橋を利用徒歩連絡とした。然し風雨に晒されて渡る旅客の不便を考え、株式会社「国富橋」の株主側と協議して同年1月売買契約を結び、同年9月11日認可をとって国富橋の上流側に軌道を敷設し、同年11月以降大井川駅・大幡駅間を人車渡しとした。人車は旅客の乗る箱をつけたトロッコで12人乗り、人夫が3・4人で堤防上まで押し上げ、国富橋上は人夫1人で押した。機関士や車掌は人車に乗らずそれぞれ国富橋下流側の人車道を歩いて渡った。また貨車は重いため蒸気機関車で堤防上まで押し上げ、橋上は人夫数人で押して渡した。人車鉄道は全国では幾つかあったが、橋上の人車渡しは日本でもここだけであった。

第4期線　細江～遠州川崎　1.8キロメートル

大正4年7月15日着工、同年9月16日竣工、9月18日開通。設置駅は「遠州川崎」の1駅で

あるが、戦後海水浴場客などのため「静波」駅が設置された。

　　第5期線　遠州川崎〜相良

　大正6（1917）年1月遠州川崎〜相良間敷設許可方追願、翌2月19日許可。

　着工、竣工年月日は明らかでないが大正7（1918）年6月16日開通。これによって当初目標の藤枝新・相良間は起工以来5年6か月の歳月を要して漸く全通し、当日相良駅前で行われた開通式には多数の名士が臨席して相良町空然の盛儀であったという。設置駅は「片浜」・「相良」の2駅で後に「太田浜」が追加された。

　東海道本線藤枝駅と藤相鉄道藤枝新駅との間は約100メートル隔っており、旅客にとってもまた貨物の積み替えにも何かと不便が多いため、大正8（1919）年藤枝新駅を東海道本線藤枝駅に隣接する前島660の1（現駅前1丁目、静岡鉄道新藤枝駅バスターミナル）に移し、さらに藤枝駅構内用地350坪を借地して貨物上屋を新設、貨物積み替えの便を図った。また駅の移転に伴って路線も一部変更となった。

　　岡部延長線　大手〜駿河岡部5.8キロメートル

　その後岡部町初め岡部周辺村々の要望もあって発起4か町村と藤相鉄道側で覚書が取り交され、大正12（1923）年2月8日には敷設認可もおり、22万6000円と建設費も決定したが、新株の町村割当てをめぐって一部に反対があったため着工は遅れて大正13年7月2日着工、翌14年1月16日開通した。設置駅は「農学校前」・「水守」・「八幡橋」・「横内」・「駿河岡部」の5駅である。

　この岡部線は数年順調に運営され、将来静岡市乗り入れの計画もあったが、その後乗客も減り、ミカンを初めとする貨物輸送も期待に反して振わず、加えて橋梁の腐朽も目立つようになったため修繕費を注ぎこんでも到底採算が合わないとして昭和11（1936）年5月18日遂に運営を停止し、軌条も撤去され廃線となった。

　大正8年静岡県は地元の陳情を受け入れ、私設の国富橋に代る県営の富士見橋を計画した。藤相鉄道としては新しく単独で専用橋を架設する資力はなく、乗り換えの不便のある人車渡し解消のため沿線町村長を動かし数次にわたって計画される新橋を軽便鉄道の併用橋とすることを県に陳情した。この結果建設費の内18万308円を建設費の一部として会社側が負担寄附することを条件に認められて大正9（1920）年着工した。幅員は6.5メートル・延長887メートル、内主流部のある右岸寄り226メートル余を内鋼トラ

ス橋とし、左岸寄り660メートル余を木橋とし、橋の上流側に軌条を敷設して大正13（1924）年4月3日竣工した。

　これによって藤枝新駅・相良駅間は直通運転が出来ることとなり、人車渡しは廃止され、同時に相良鉄道と藤相鉄道軌道の交差点にあった相川駅と右岸の大幡駅は廃止となり、堤外の大井川駅は大井川・相川両駅の中間点（相川字川原島・現ファミリーストア大井川店）に移転した。

　　地頭方延長線　相良〜地頭方　5.8キロメートル

　一方地頭方村・御前崎村の強い要望によって藤相鉄道は地頭方まで延長されることになり、大正13年7月30日着工、同15（1926　昭和元）年4月29日開通した。設置駅は「新相良」・「波津」・「須々木」・「落居」・「地頭方」の5駅で、新相良駅と波津駅との間には藤相鉄道唯一の「小堤山トンネル」が掘られた。なお当時小笠郡池新田（浜岡町池新田）まで路線延長も出願されたが、この区間は遂に認可されなかった。

大井川専用橋の架橋

　その後富士見橋の木橋部分の腐朽が進み、大修理を行うこととなったのを機会に会社は軽便鉄道専用橋を架設することを計画、昭和12（1937）年3月出願して翌4月認可され県費の補助を得て旧国富橋の位置に昭和12（1937）年専用の木橋を架設、岡部線より撤去したレールを敷設して同年7月9日完成した。

　この間日本は昭和6年乃至9年事変（満州事変と上海事変）、さらに昭和12年からの支那事変、昭和16年からの大東亜戦争と戦争が継続、昭和17年6月5日のミッドウェー海戦の敗戦を契機に守勢に立ち、経済統制が強化され、交通機関も昭和18年の陸上交通事業調整法によって同年5月15日静岡電気鉄道・藤相鉄道・中遠鉄道・静岡乗合自動車・静岡交通の5社は合併して「静岡鉄道株式会社」となり、藤相鉄道は「静岡鉄道大手線」・「同駿遠線」となった。

　なお蒸気機関車は新造のものは国産の戦時簡便型（現在静岡鉄道より寄附され藤枝市立郷土博物館保管）となり、配給される石炭は低カロリーの亜炭となったため東海道本線を跨ぐ跨線橋や瀬戸川橋・栃山川橋の急坂は登り切ることが出来ず乗客が降りて後押ししたり、駅まで戻って勢いをつけなおして漸く登る始末であった。

静岡鉄道 秋葉線

しずおかてつどう あきばせん

新袋井〜遠州森町

◆静岡鉄道 秋葉線

- 新袋井 (しんふくろい)
- 袋井町 (ふくろいまち)
- 永楽町 (えいらくちょう)
- 一軒家 (いっけんや)
- 可睡口 (かすいぐち)
- 平宇 (ひらう)
- 山科学校前 (やましながっこうまえ)
- 下山梨 (しもやまなし)
- 山梨 (やまなし)
- 市場 (いちば)
- 天王 (てんおう)
- 飯田 (いいだ)
- 観音寺 (かんのんじ)
- 福田地 (ふくでんじ)
- 戸綿口 (とわたぐち)
- 森川橋 (もりかわばし)
- 遠州森町 (えんしゅうもりまち)

- 可睡口 (かすいぐち)
- 可睡 (かすい)

DATA

起 点	新袋井 (本線)
	可睡口 (可睡支線)
終 点	遠州森町 (本線)
	可睡 (可睡支線)
駅 数	17駅 (本線)
	1駅 (可睡支線)
開 業	1902 (明治35) 年12月28日
廃 止	1962 (昭和37) 年9月20日
路線距離	12.1km (本線)
	1.1km (可睡支線)
軌 間	1,067mm

袋井町駅近くの銀座通りを、貨車を牽いて
併用軌道を進む秋葉線の電車。
◎袋井町
1962 (昭和37) 年9月2日
撮影：西原 博

1902（明治35）年12月に秋葉馬車鉄道として東海道線袋井と遠州森町間12.1kmが秋葉街道上に開通。1911年12月には途中で分岐して曹洞宗寺院のある可睡斎（かすいさい）への支線も開通した。1923（大正12）年3月に静岡電気鉄道秋葉線となり、1926年に電化、1067mmに改軌され電車が運転された。電車は2軸台車の路面電車タイプで付随車を牽引したが、付随車は東京の玉川電気鉄道（→東急玉川線）からの転入車だった。地元では「石松電車」と呼ばれていた。

　軌間はポール集電（後にビューケル集電）、バッファ付き螺旋（らせん）式連結器で未舗装の秋葉街道を砂塵を上げて走り、まさに明治時代の電車だった。戦後になっても特に近代化されることもなく1962（昭和37）年9月20日付で廃止された。

『袋井市史』に登場する秋葉馬車鉄道

明治32（1899）年12月６日、特許をえた秋葉馬車鉄道株式会社は、周智郡森町に本拠をかまえ、同35年12月28日に開業した。それは森町から笠西村高尾の東海道線袋井駅に達するものであり、大正８（1919）年度現在で8.43マイル、軌間２呎５吋であった。同鉄道は、日露戦争での全国５万余の勇士をまつる護国塔の建設ともあいまって、参詣人の増大する可睡斎に向けて久能字松葉からの支線延長を行っている（43年出願）。当時の経営陣は、社長豊田庄九郎・取締役儀一郎・株主儀八・庄太郎・湯口米平ら、いずれも豊田合名会社の一家を中心とし、これに取締役大石徳太郎と三川の有力者、秋鹿五郎八などが加わっている。総資本金は６万5000円、払込資本金５万2000円である。その定款第３条では「本会社ノ営業ハ行通ノ便利及貿易ノ盛隆ヲ図ルノ目的ヲ以テ……旅客及貨物等ノ運搬ヲ専業トス」とうたっている。そして大正８年の、動力を機械力とし、軌間を３フィート６インチに一定するとの地方鉄道法実施に応じて、大正９年６月、秋葉馬車鉄道は、秋葉鉄道株式会社に衣替えする。社屋はこの時期に笠西村高尾に移され、社長には平田宗威が就いている。10年８月、輸送力増強のため袋井町山梨間を可睡斎への支線を廃して、ここを経由する軌間３フィート６インチの電気車に変更する（森町山梨町間は従来の馬車軌道のままとする）申請を行った。

秋葉鉄道は、さらに大正11（1922）年12月、駿遠電気株式会社との合併に踏み切った。その理由は、さきに電車導入を決定したものの資力に限界があり、とりわけ「刻下財界不況ニシテ、小会社ハ是ガ資本ヲ充実セシムルハ甚ダ困難」というところにあり、この点「比較的資本大ナル駿遠電気株式会社」との合併が望ましいというものだった。駿遠電気は大正12年３月、静岡電気鉄道株式会社に名称変更した。

このころになると豊田儀一郎の東海鉱業（大正12年・高尾）が自動車貨物を始め、翌13年には、後にみる中遠鉄道が袋井ー横須賀、袋井ー豊浜の定期乗合自動車を始め、また袋井タクシーの鈴木政一も同じころ、Ｔ型フォードを購入し、８人乗りの乗り合いバスを袋井ー法多山で初めてトラック輸送を手がけた、という。そこで鉄道省も同社に山梨ー袋井間の電化に取組んで大丈夫かと問い合わせたが、同社は12年８月、「乗客ノ半数ハ乗合自動車ニ奪ハレ、所期ノ成績ヲ挙ケ得サルノ状況ナルヲ以テ、設備ノ改善ヲ為シ輸送力ノ増大ヲ計ルニ於テハ、国有鉄道開通〔二俣線ー引用者〕ノ場合ニ於テモ、尚相当収支相償フニ足ルヘク、一面沿道民ハ電化ノ速成ヲ渇望シ居レル」状況なので、変更しないと答え、久努西村も県に対して「電気軌道工事施行ノ為メ、本村町村道可睡袋井停車場線占用ノ件、本県知事ノ諮問ニ対シ異議ナキ旨答申スル ことを14年３月28日に可決し、この年の春、袋井ー可睡口、15年秋、袋井ー森の電化を完了した。この路線は戦後、昭和37（1962）年９月まで生き永らえたのである。これと時も同じころに、袋井ー可睡の定期自動車が創業している。

中遠鉄道

袋井駅から南東、新横須賀の方面には中遠鉄道が建設された。その延長７マイル、敷設申請書は明治44（1911）年10月10日に提出された。「東海道線袋井駅ニ連絡スル旅客貨物ノ運輸営業」がうたわれている。県知事の添書にも「袋井駅ヨリ終点横須賀間ハ交通頻繁ニシテ、常ニ十数両ノ馬車往来シテ旅客貨物ノ運輸ヲナシ、両郡南部ノ日用品雑貨等ハ悉ク之ニ拠リ運送セラル」実情を伝えている。設立発起人には、静岡市の笹野甚四郎のほか、当時、蚕種製造業「国開園」（国会が開設された明治23年に創業したことに因み命名）で、その条柔育の技術により全国に名をあげた、愛野出身の戸倉惣兵衛、笠西村長として、昭和３年に袋井町との合併に努めた有力者戸倉実太郎、高尾の塩谷桑平、笠原の岡崎銀行経営者芝田庫太郎（大正元年９月現在で笠原村長）ら、地元の現在袋井市東南部の有力者を多く網羅しているのが特徴である。高尾ー上浅羽ー笠原ー横須賀に至る。動力は汽関車とし、軌間２フィート６インチ。建設費10万円、純益金9550円を予定し、取締役には塩谷桑平らがあたった。45年３月、設立許可をえている。

沿線住民の不満

鉄道敷設は一般的には地域住民の要望ではある。しかしそれを無条件で、というわけにゆかないこともしばしばおこる。

こうした不満の原因は、中遠鉄道が当初計画した線と異なり、一部、駿遠鉄道（藤枝ー相良）中

泉に延長する予定をもっており、これとの並行線を敷設することで、駿遠鉄道にいずれ買却を目論む、とのプランともかかわっていた（なおこのプランは、東から藤相鉄道が、西から中遠鉄道がそれぞれ延長し、実現をみたのは昭和24年のことだった。時の会社は静岡鉄道である）。

紛争の結末

　これほどまでに強力な要請行動を行ったには「明治四十三・四両年度ニ於ケル被害ノ惨状」（前記の同村、 10月2日「陳情書」）にあることは疑いない。このほか10月15日付の大字浅羽の陳情もみられる。「鉄道省文書」には、このあとに12月23日付の「中遠鉄道株式会社線路変更認可申請書」がおさめられている。そこでは、「治水上浅羽村ト協議相整ハザル為メ」関係村と協定をもって、計画を一部変更するとした（笠原村は5月8日、大須賀村は同22日にそれぞれ同意書を出している）。これは、翌2年8月6日許可され、結局、44年10月から約2カ年にして、ようやく敷設着工が可能となったのである。こうして敷設されるに至った中遠鉄道（3年1月営業開始）は、大正14年4月に新横須賀からさらに南大阪まで延長しのち昭和2年4月、新三俣まで蒸気鉄道として走った。中遠鉄道はその後静岡鉄道に統合され、昭和42（1967）年に至るまで、この路線を運行していたのである。

両鉄道の特徴

　秋葉鉄道は森町方面から東海道線への連絡ルートとして、また可睡斎・秋葉神社参詣客の足として早くから開かれ馬車鉄道・電鉄へという歩みを辿った。経営陣には森町方面との米取引に活躍した豊田庄九郎のグループが参画した。これに対して、中遠鉄道は袋井南部から将来は、東海道線の南側を大きく海岸よりに迂回し、藤相鉄道につなぐプランをもつものだった。しかも地元の有力者が経営陣に加わったが、大正9（1920）年の時点には、これにも豊田庄九郎らが経営者として加わっており、旅客と貨物の輸送に力を尽した。また中遠鉄道敷設にみられた沿線住民とのトラブルは、住民のねばり強い、村ぐるみの要求に、経営側が譲歩する形で決着をしたというところに、地元有力者が経営した意味を感じさせる。住民の要望の正当性がその基礎にあるとはいえ、住民たちと日常的に取り結ぶ関係が、このように譲歩にふみ切らせたといえるであろう。こうした民営鉄道の歴史的展開の姿を、前頁の図3によって参考としておく。

　なお、中遠鉄道が走らせていた蒸気機関車は、史料にあるようにイギリスのバグネル社1913年製のもの4両（1915年に1両を藤相鉄道に移す。1951～52年廃車）、またラッキョウ軽便の愛称で親しまれ全国的に最も多く普及したドイツ・コッペル社1913年製1両（1951年廃車）、その後、バスの登場に対抗して、列車運行回数をふやすガソリン動車が昭和4（1929）年に導入され、昭和16（1941）年までに3両が運行していた。また同社が鉄道省に提出した文書によると、大正3年1月12日に営業が開始され、運行所要時間は、新袋井－柳原間6分、新岡崎間28分、終点新岡崎まで43分であった。大正14（1925）年4月時点で1日下り本数10本、ガソリン動車が導入され、昭和5年になると、蒸気車の42～45分、6本に、ガソリン動車36～37分、9本のあわせて15本が運行された。

　その後の両鉄道会社についてみると、秋葉鉄道は大正11年11月30日駿遠電気株式会社と合併を決定した。その理由は、「沿線ニ於ケル客貨ハ逐年激増シ、現在運転セル馬車鉄道ヲ以テシテハ到底輸送ヲ円滑ナラシムル不レ能、此際施設優秀ニシテ時代ニ適合セル運輸機関ニ改善シ、輸送能力ノ完備ヲ図ルハ目下ノ急務ナリ、然ルニ財界不況ニシテ、小会社ハ是ガ資本ヲ充実セシムルハ甚ダ困難」というところにある。この駿遠電気株式会社は、12年3月12日、静岡電気株式会社と名称変更を行う。12年8月29日、静岡電気鉄道の元秋葉鉄道線山梨袋井間軌道電化の方針を固め、ここに袋井地域に電車が導入されるわけである。

　昭和初期の恐慌下をこの秋葉線と中遠鉄道はよくくぐりぬけ、戦時下、昭和18（1943）年、大合同が実現する。藤相鉄道・中遠鉄道・静岡乗合自動車を静岡電気鉄道と合併する、というのがこれである。その大合同の理由は東条内閣の下での戦時統制による。

おおいがわてつどう　おおいがわほんせん

大井川鐵道 大井川本線

金谷〜千頭

DATA

起 点	金谷
終 点	千頭
駅 数	20駅
開 業	1927（昭和2）年6月10日
路線距離	39.5km
軌 間	1,067mm

元近鉄南大阪線の16000系。大井川鐵道には1998年に入線。

元南海電鉄の21000形ズームカーは1994年に入線した。

◆大井川鐵道 大井川本線
● 金谷（かなや）
● 新金谷（しんかなや）
● 代官町（だいかんちょう）
● 日切（ひぎり）
● 合格（ごうかく）
● 門出（かどで）
● 神尾（かみお）
● 福用（ふくよう）
● 大和田（おわだ）
● 家山（いえやま）
● 抜里（ぬくり）
● 川根温泉笹間渡（かわねおんせんささまど）
● 地名（じな）
● 塩郷（しおごう）
● 下泉（しもいずみ）
● 田野口（たのくち）
● 駿河徳山（するがとくやま）
● 青部（あおべ）
● 崎平（さきだいら）
● 千頭（せんず）

C56 44とE10形が重連で牽引するSL急行列車。最後部は白帯の展望車スイテ82形821。客車7両のフル編成のため補機が必要である。
◎福用〜大和田　1987（昭和62）年5月　撮影：山田 亮

　金谷から大井川に沿ってさかのぼる大井川鐵道。大井川上流の森林開発による木材輸送、電源開発のための資材輸送を目的に建設された。大井川鉄道は1925（大正14）年に設立され、1927（昭和2）年に金谷〜横岡（五和〜神尾間の中間地点から分岐した支線の終点、後に廃止）が開通し、延伸を重ね1931年12月、金谷〜千頭間39.5kmが全通した。当初は蒸気鉄道だったが、戦後の石炭入手難や奥大井開発の要請から1949（昭和24）年11月に電化され、木材輸送、ダム建設の資材輸送など貨物輸送に活発なった。

　だが、昭和40年代（1960年代後半）に入ると貨物輸送も減少し、先行きが危ぶまれる状況になった。起死回生の手段としてSL（蒸気機関車）の動態保存運転を行うことになり、1976年7月、国鉄から譲り受けたC11 227によるSL列車が運転開始され、1979年には太平洋戦争中に南方作戦用として供出されたC56 44がタイから「帰還」した。今ではSLに牽引される旧形客車のほか大手民鉄から転入の電車、近年では電気機関車牽引の客車列車も注目され、沿線の駅舎も昭和初期の面影を残し「鉄道のテーマパーク」として観光路線に活路を見出している。

登山客、ハイキング客で賑わう金谷に到着する元名鉄のモハ3800形。1972年に名鉄から譲り受けた3800系の車体と他車の台車を組み合わせて登場。クハ2800形と2両編成で運行された。1997～98年に廃車。
◎金谷　1982（昭和57）年8月　撮影：安田就視

元名鉄のク2800形2822とモ3800形3822の2両編成。名鉄モ3800形、ク2800形の車体に他車の台車、機器を組み合わせて1972年に登場、近鉄10000系ビスタカーの回転式シートを装備した。1997年に廃車となった。
◎金谷～新金谷　1976（昭和51）年10月　撮影：長谷川 明

1963年に北陸鉄道加南線に登場した日本初のアルミカーモハ6010形6011、クハ6060形6061で「しらさぎ」の愛称があるが、台車、機器は在来車（旧伊那電気鉄道の車両など）から流用した。加南線は1971年7月に廃止され、同年に大井川鐵道に入線。2002年に廃車され、現在は里帰りする形で「道の駅山中温泉ゆけむり健康村」で保存。
◎金谷～新金谷
1976（昭和51）年10月
撮影：長谷川 明

元小田急SSE車3000形。小田急から譲り受け1983年に入線。5両編成は輸送力過剰で1993年に廃車。
◎福用～大和田
1987（昭和62）年5月
撮影：山田 亮

元西武351系（クモハ351形）のクハ500形512とモハ300形312の2両編成。前面湘南スタイルの17m車西武351系（クモハ351形）を譲り受け1977年に入線。
◎福用～大和田
1987（昭和62）年5月
撮影：山田 亮

元小田急デハ1900形のモハ1900形1906。1976年に譲り受け。2両目と3両目は元北陸鉄道6000形のクハ6050形。
◎福用　1987（昭和62）年5月　撮影：山田 亮

SL急行に連結された展望車スイテ82形821。西武501系の中間車サハ1500形サハ1515を1982年に譲り受け展望車に改造。
◎福用〜大和田　1987（昭和62）年5月　撮影：山田 亮

C11 227牽引のSL急行。旧形客車7両
編成にE10形電気機関車の補機が付く。
ヘッドマークのない姿は本来の蒸気列車
らしくて好感が持てる。
◎福用〜大和田
1987（昭和62）年5月
撮影：山田 亮

元西武のモハ307、クハ507の2両編成。1928年に川崎造船所（後の川崎車輌）で製造された当時の川崎造船所の私鉄向け標準車両で阪急にも同形車があった。旧西武鉄道（西武新宿線の前身）で運行され、戦後は西武モハ151形となり、1964年に大井川鉄道が譲り受けた。1980年に廃車。◎大和田～福用　1973（昭和48）年9月24日　撮影：安田就視

カーブした大井川第一橋梁を渡る、金谷方から元小田急のモハ1900形1906、元北陸鉄道6000形のクハ6050形2両、元名鉄のモハ3800形、クハ2800形を連結した列車。
◎笹間渡（現・川根温泉笹間渡）～抜里　1987（昭和62）年5月　撮影：山田 亮

カーブした大井川第一橋梁を渡るSL急行列車。E10形電気機関車E103が補機を務めている。
◎笹間渡（現・川根温泉笹間渡）〜抜里　1987（昭和62）年5月　撮影：山田 亮

大井川第一橋梁を渡る元北陸鉄道のアルミカーモハ6010形6011、クハ6060形6061の2両編成。「しらさぎ」の愛称がある。
◎笹間渡（現・川根温泉笹間渡）〜抜里　1987（昭和62）年5月　撮影：山田 亮

C11 227が逆行で牽引するSL急行。旧形客車７両で編成中に青帯の１等車（グリーン車）ナロ80形もあり、往年の国鉄客車急行列車を再現している。◎笹間渡（現・川根温泉笹間渡）〜抜里　1987（昭和62）年５月　撮影：山田 亮

大井川第一橋梁を渡る北陸鉄道加南線から譲り受けたアルミカークハ6060形6061を先頭にした４両編成。２両目はモハ6010形6011で「しらさぎ」の愛称があった。台車、機器は在来車から流用。加南線は1971年７月に廃止され、同年に大井川鉄道に入線。2002年に廃車された。３、４両目は名鉄から車体を譲り受けたクハ2800形とモハ3800形。
◎笹間渡（現・川根温泉笹間渡）〜抜里　1977（昭和52）年８月14日　撮影：安田就視

大井川第一橋梁を渡る、元名鉄3800系のモハ3800形3829とクハ2800形2829の２両編成。
◎笹間渡（現・川根温泉笹間渡）〜抜里　1987（昭和62）年５月　撮影：山田 亮

元小田急のモハ1900形1906。元北陸鉄道6000形のクハ6050形２両と元名鉄のモハ3800形、クハ2800形とを連結して運転。◎笹間渡（現・川根温泉笹間渡）〜抜里　1987（昭和62）年５月　撮影：山田 亮

第一大井川橋梁を渡る元西武351系（クモハ351形）のモハ300形（312または313）とクハ500形（512または513）の2両編成。前面湘南スタイルの17m車西武351系（クモハ351形）を譲り受け1977年と1980年に入線。中央部ドアを埋めて2ドアとし、西武5000系レッドアローのクロスシートを取付けた。ここから先は大井川を何度も渡る。
◎笹間渡（現・川根温泉笹間渡）〜抜里　1983（昭和58）年8月16日　撮影：安田就視

茶畑の中を走る元南海モハ21000形2両編成。南海高野線で使用されていた21000系「ズームカー」を1994年と97年に2両ずつ譲り受け2編成4両がある。車内は南海時代と同じで転換式クロスシートもそのままである。
◎笹間渡（現・川根温泉笹間渡）〜抜里　1995（平成7）年5月1日　撮影：安田就視

茶畑に囲まれた地名を発車する元名鉄クハ2800形2829とモハ3800形3829の2両編成。この編成は車体を名鉄から譲り受け、他車の台車、機器を組み合わせ1972年に登場。1998年に廃車。木材運搬索道からの防護トンネルを通過している。
◎地名　1983（昭和58）年8月16日　撮影：安田就視

元小田急SSE車の大井川鐵道3000系。小田急のSSE車第一編成であるモハ3001－モハ3002－サハ3003－モハ3004－モハ3005の5両編成を譲り受け1983年に入線。5両編成は輸送力過剰であまり使われず、1993年に廃車された。
◎塩郷
1983（昭和58）年8月16日
撮影：安田就視

蒸気機関車C11 227が逆行で牽引する大井川鐵道のSL急行列車が地名の北側にある防護トンネルを抜ける。木材運搬の索道から列車、線路を防護するために建設され、索道がなくなってもそのままで「日本一短いトンネル」といわれる。国鉄C11形C11 227は1942年に日本車輌で製造。北海道で運行され1975年に釧路機関区を最後に廃車。大井川鐵道が譲り受け、1976（昭和51）年7月9日からSL列車の運転が開始され、わが国初の動態保存SLとして注目された。
◎塩郷～地名
1977（昭和52）年8月14日
撮影：安田就視

元西武371系のクハ500形511とモハ300形311。元国鉄クモハ11形とクハ16形。
◎崎平
1986（昭和61）年3月
撮影：山田亮

大井川第二橋梁を渡るC56
44牽引のSL急行「かわね
路号」。
◎青部〜崎平
1986（昭和61）年3月
撮影：山田 亮

大井川第二橋梁の下から撮
影。元名鉄3800系のクハ
2800形2829と モ ハ3800
形3829の2両編成。
◎青部〜崎平
1986（昭和61）年3月
撮影：山田 亮

大井川第四橋梁を渡るC11
227牽引のSL急行「さくら
号」、編成中に青帯のナロ
80形が入っている。
◎崎平〜千頭
1986（昭和61）年3月
撮影：山田 亮

C11 312とチョコレート色のオハ35形オハ35 2435。C11 312は1988年に復元され動態保存。2007年から静態保存となった。
◎千頭
1990（平成２）年８月
撮影：山田 亮

北陸鉄道から譲り受けた日本初のアルミカーモハ6010形6011。２両目はクハ6060形6061で「しらさぎ」の愛称がある。台車、機器は在来車（旧伊那電気鉄道の車両など）から流用した。加南線は1971年７月に廃止され、同年に大井川鉄道に入線、2002年に廃車。左に1889年ドイツ・クラウス社製の15号機が見える。
◎千頭
1975（昭和50）年９月28日
撮影：西原 博

1921年ドイツ・コッペル社製の大井川鉄道1号機関車。千頭〜川根両国間で井川線客車を牽いて動態保存運転が行われた。
◎千頭
1975（昭和50）年９月28日
撮影：西原 博

千頭を発車するＣ11 227
逆行牽引のSL急行列車。旧
形客車も今となっては貴重
である。
◎千頭
1990（平成２）年８月
撮影：山田 亮

観光客で賑わう千頭駅。
ちょっとした鉄道博物館に
なっている。写真中央は
9600形SLの49616。右側は
元名鉄のモハ3800形3829。
◎千頭
1990（平成２）年８月
撮影：山田 亮

各種車両が停まっている千
頭駅構内。写真左は元岳
南鉄道ステンレスカーモハ
1105。右に1988年に動態
復元されたＣ11 312。C11
227との重連運転も行われ
たが2007年９月の運転を最
後に「部品取り機」となっ
て静態保存となった。
◎千頭
1990（平成２）年８月
撮影：山田 亮

大井川鐵道 井川線

千頭〜井川

◆大井川鐵道 井川線

- 千頭 (せんず)
- 川根両国 (かわねりょうごく)
- 沢間 (さわま)
- 土本 (どもと)
- 川根小山 (かわねこやま)
- 奥泉 (おくいずみ)
- アプトいちしろ (アプトいちしろ)
- 長島ダム (ながしまダム)
- ひらんだ (ひらんだ)
- 奥大井湖上 (おくおおいこじょう)
- 接岨峡温泉 (せっそきょうおんせん)
- 尾盛 (おもり)
- 閑蔵 (かんぞう)
- 井川 (いかわ)

DATA

起 点	千頭
終 点	井川
駅 数	14駅
開 業	1935 (昭和10) 年3月20日
地方鉄道開業	1959 (昭和34) 年8月1日
路線距離	25.5km
軌 間	1,067mm

奥大井湖上駅付近の奥大井レインボーブリッジを渡る井川線の列車。

DD100形ディーゼル機関車が牽引する井川線の列車。

井川線車両基地のある川根両国に停車する井川線列車。手前は千頭方に連結されるディーゼル機関車DD20形、2両目はCスロフ300形、3両目（井川方の先頭車）は制御車クハ600形。井川線では機関車（DD20形）が下り列車、上り列車ともに千頭方に連結。ED90形アプト区間のアプトいちしろ—長島ダム間は千頭方にED90形を補機として連結。
◎川根両国
1999（平成11）年2月14日
撮影：安田就視

大井川鉄道本線の終点千頭からさらに井川まで25.5kmをさかのぼる井川線。その前身は奥大井電源開発の資材輸送のために建設された大井川電力専用鉄道で1935（昭和10）年6月に千頭〜市代付近間が762mm軌間で開通した。翌1936年10月には貨車を大井川鉄道と直通させるため1067mmに改軌され、井川線は軽便鉄道規格ながら軌間1067mmの独特の形態となった。

戦後、大井川電力を統合した中部電力は井川発電所建設のため専用鉄道を延長し、1954（昭和29）年4月に堂平まで開通した。1959年8月、大井川鉄道に業務を委託し千頭〜井川間が大井川鉄道井川線となり一般営業が開始されたが、路線の所有は現在でも中部電力である。井川〜堂平間は貨物線で1971年に廃止された。1970年代、大井川上流に長島ダムが建設されることになり、同線の存続が議論されたが鉄道として存続することになった。水没区間を付け替え90‰のアプト区間を含む新線が1990（平成2）年10月に開通し、アプト式ED90形電気機関車が登場しアプトいちしろ—長島ダム間で補機として使用される。井川線はアプト区間や奥大井湖の眺めなど秘境ムード満点である。

井川方に制御車クハ600形603を連結したヘッドマークを掲げた井川線列車。井川線では機関車は千頭方に連結される。
◎千頭　1990（平成２）年８月　撮影：山田 亮

千頭を発車するDD20形ディーゼル機関車を最後部にした井川線列車。DD20形は山岳路線の走行に備え、砂まき装置、散水装置などを備えている。◎千頭　1990（平成２）年８月　撮影：山田 亮

DB1形DB5が客車1両（Cスロフ303）を牽引する。DB1形は1936年から加藤製作所で製造されたガソリン動力の機関車。戦後にディーゼル機関に換装。Cスロフ300形は観光客増加に対応し、無蓋車Cトキ200形の台車を利用し車体を新造した車両。座席は固定クロスシートだが片側1人掛けと片側2人掛けである。
◎千頭〜川根両国　1976（昭和51）年1月23日　撮影：安田就視

川根両国に到着したDB1形DB3がCスロフ300形1両を牽引する列車。川根両国には井川線の車両基地がある。写真左側に見える山は朝日岳。◎川根両国　1976（昭和51）年1月23日　撮影：安田就視

水没された区間を走るDB1形牽引の井川線列車。客車はCスハフ1形とCスロフ300形。平行する道路から見下ろして撮影。
◎川根唐沢〜川根市代　1980（昭和55）年8月18日　撮影：安田就視

長島ダム建設の水没区間と思われる区間を走るDD100形牽引の井川線列車。
◎1975（昭和50）年9月28日　撮影：西原　博

井川線の終点井川に到着した列車。最後部はＣスロフ300形。車両限界は軌間762mmの軽便鉄道規格だが、軌間は貨車を金谷方面に直通させるために1067mmである。◎井川　1973（昭和48）年９月24日　撮影：安田就視

『本川根町史』に登場する大井川鉄道

駿府鉄道株式会社の創立と路線変更

1918（大正7）年11月静岡・千頭間の鉄道敷設を目的にした駿府鉄道株式会社創立の発起人名簿を、地域別にみると県内の27名を筆頭に、東京が11名、大阪9名、山梨8名、兵庫3名、京都の2名、計60名が数えられる。東川根・上川根両村では、田端幸作・鈴木萬吉・殿岡嗽石・岩田文吉・大石千代吉の5人が加わっている。5名は山林・茶業等の地域産業の発展につとめている村の有力者であったが、中でも殿岡嗽石は、大井川奥地の山林・茶業等の産業振興にはぜひ鉄道を、と早くから敷設運動に取り組み、大井川鉄道に深くかかわった人物である。他の地域では吉田町の実業家中村圓一郎、静岡市の大石麗司・国友与一、県外では元静岡県知事、京都在住の李家隆介をはじめ、東京の松浦五兵衛・近藤修孝・三谷軌秀らの名が記せられている。川根地域の林野産物・茶などの運輸、産業の発展に関心と理解をもつ人々である。この時点で電力関係者が多いわけでない。駿府鉄道（株）創立事務所を静岡市水落町1丁目におき、18年12月16日付けで、発起人総代を近藤修孝として「静岡県志太郡島田町を起点とし同県同郡東川根村藤川に至る延長弍拾五哩参拾弍鎖間」に鉄道を敷設するための「軽便鉄道免許申請書」を総理大臣原敬に提出した。川根地方に鉄道が敷かれるということは、地域産業や経済交流を活発にし、村民生活の向上に役立つことから川根地域の人々に大きな期待と喜びを与えるものであった。

しかしながら、川根地域全体が以外に盛り上がっていない。やや気になることは、当初の鉄道路線は会社名が示しているように静岡を起点にし藁科街道を経て川根東街道に沿って千頭に至るというものであり、このことは、すでに11月初旬県内外の新聞にも大きく掲載され、周知の事実であった。それから1か月後に、島田町を起点とし終点を藤川にするとした申請書の内容は一般には理解されてなかったのではないだろうか。路線変更の理由は、一般に、山地が多く急勾配の山間でのトンネル掘削等による出費面を考慮しての変更といわれているが、会社の創立が発起されてからわずか1か月間で、路線変更に至った事情をより詳しく示す資料は見あたらない。当時、藁科街道沿いの村の有力者にも、こ

の路線変更は知らされていなかったのでは、と思われる節がある。というのは、服織・中藁科・清沢の3村では各1名が発起人に加わっており、なお、翌年の19年1月に南藁科村の代表者4名が、鉄道敷設の支援・協力と引き替えに路線誘致を請願している。また、同年3月時における服部・中藁科両村の関心事は、陳情書によると、路線が藁科川の東側を通るか、西側かにあり、路線が大井川沿線に変わっていることをまったく察知していない感じである。なぜ知らされなかったのか、この背景には、18年夏県内各地でおこった米騒動は一応静まってはいたが、当時の経済、社会の世情からみて公表することにより異論・紛議を警戒し、まず申請書を提出したのではないだろうか。

駿府鉄道から大井川鉄道へ
－路線変更の影と光－

この路線変更は、その後の大井川鉄道敷設の進捗に何らかの影を落としていなかっただろうか。鉄道敷設の認可は、申請書が提出されてから2年半後の21（大正10）年7月6日に駿府鉄道（株）創立委員長三谷軌秀ら53名に免許が下りている。この遅れの理由を、一般に、戦後の不況・関東震災などとしているが、それだけが理由でないような感がする。というのは、創立委員・発起人内部に軋轢・対立がみられるからである。具体的には総代となった近藤修孝と創立委員長の三谷軌秀両者の関係である。近藤修孝が関係者に送付した文面には、「客年以来発起人中某氏等相結託して拙生の排斥を企て違法の手段を以て創立委員長を選定し其の筋に違法の申請を為し其の筋の内論を捏造して（立証の責に任ず）拙生に発起人総代の辞任を強制する等殆ど常識を以て律すべからざる行為を敢えてする……」

というようなものがある。

両者の対立点は何であったか、単なる感情のもつれか、人事をめぐる問題であったのか詳しくはわからない。両者の間に入って和解への労をとったのが殿岡嗽石である。結果としては、近藤修孝側が、創立事業に関し三谷軌秀と別立を以て発起人賛成人を募集し反対の立場をとってきたことを止め、人事を元に戻す、と陳謝し治まっているが、両人とも発起人の中では大きな位置を占めていただけに大きな傷を残したこと

であろう。また、静岡近隣の発起人の中には、川根地域が通船によって島田・金谷の商工業圏に組み入れられていることに対し、静岡商業圏の挽回を図ろうとしたものもいた。資料の制約から、やや推測の面もあるが、鉄道路線の変更が、創立委員数と発起人数の違い、内部の対立、資金難等の問題を生み出したと思われる。駿府鉄道株式会社は正式に発足することなく、22年4月、社名を大井川鉄道株式会社と改称した。

大井川鉄道と地域

大井川鉄道（株）は駿府鉄道（株）を継承したものではあるが、ただ名称をかえただけでなく、事業内容・組織等も改め、新たな出発であったのである。事業は、駿府鉄道（株）では入れてあった木材業部門は止め、一般旅客貨物の運輸業1本とした。名称の変更後、清沢・服部・中藁科村の発起人の名は見当らない。伊久美、中川根、五和村などからも発起人が漸次出てくるようになり、川根地域が村行政の枠をこえて大井川鉄道期成同盟会も活発な活動を見せるようになった。同盟会は、それまでの東西沿岸8か村の枠をさらに島田・金谷の2町と、五和・井川村を加え2町10か村の団体とし、組織を拡大した。その実行努力項目には、「各町村に差当り2名以上の発起人を立てること」、「町村長は其の村代表の資格を以て加入し、其の加入金100円は可成く町村より支弁し」とある。金谷町は、22年11月起点が島田から金谷に変更されたこともあってか、伊藤仙太郎が創立委員、外2人が発起人となって会社創立に尽力、協力者も多く出て株主が急増している。

大井川鉄道として新たに発足するためには、（1）会社の指導内部のしこりをほぐし、（2）川根地域がまとまった地域としての協力体制ができ、（3）かって期待を裏切った静岡近辺を含め県民一般に認知され、（4）組織・資本の編制替え等が必要であった。過ぎた数年間の歳月と、路線の変更などに問題はあったとしても、川根地域においては、地域として独自性をもち、経済・社会、文化等が発展していくために、大井川鉄道は核となりうる機関であった。中村圓一郎が取締役社長となり、金谷町の有力者伊藤仙太郎は専務取締として参画、そして東邦電力社長松永安左衛門ら電力資本のバックアップもあって本格的な敷設がはじまるのである。一方、李家隆介・殿岡嗽石らは中核から退き、近藤修好は死去している。中央の電力資本の影響も強くなって、

地域住民が水力発電所・ダム建設などにかかわっていくようになることも新たな展開の1つであるといえよう。

1926（大正15）年6月、新たに起点となった金谷で起工式が行なわれ、同年8月25日工事を着工、工事の経過の中で終点は千頭に変更、そして1931（昭和6）年12月1日終点千頭までの敷設工事が完了した。

大井川鉄道敷設工事の経過

1926（大正15）年6月、大井川鉄道の工事が開始された。会社設立から4年後のことである。地質は不良、山岳・渓谷などもあって工事は遅れがちであった。

資金面の不足は、はじめから予想していたものの、金谷・家山間の工事で全資金の300万円を使い果していた。29（昭和4）年4月、家山・塩郷間の工事が開始されたが、その直後の5月に150万の増資を決め、最終的には約600万の費用を要した。27（昭和2）年6月10日1期工事区間の金谷・横岡間が開業、次いで居林、家山をへて、徳山村に入り地名・下泉・堀之内へと工事は進んでいった。この下泉から堀之内への路線に関し、路線が対岸であることを知った中川根村の鈴木豊太郎・小澤栄作ら20人余は、本村は川根交通の中枢に位置し、対岸よりも人口・産物も多い、等々の理由をあげて村内を通過するよう会社に要請をしたが、工事はそのまま進み、30年7月徳山村地名まで開通、下泉・堀之内をへて、31（昭和6）年11月には青部・千頭間が竣工、そして同年12月1日金谷・千頭間全線（40.102km）の開業をみた。軌道幅員は、国鉄軌道幅と同じ3フィート6インチ（1067mm）であり、国有国鉄からの乗り入れも可能であった。全線開業初日には、終点千頭駅近くの大井川河原で大々的に開通祝賀の式を挙行した。

開通当時の時刻表をみると、SL列車が金谷・千頭間を黒煙をはきながら1日に上下往復9回も走ったことがわかる。金谷夜8時18分発の終列車に乗れば、その1時間半後には千頭に着けるようになった。かって、金谷・島田・藤枝など東海道筋から千頭方面に上がるには、朝早く出立し夜暗くなってやっと到着できた。そのことを思うと、鉄道の開通は驚異的、画期的な出来事であった。地域の人々にとっては喜びは大きく、その喜びを開通式当日の新聞、写真などが示している。

なぜ終点が千頭へ変更されたか

　工事着工当時、大井川鉄道の路線は、起点が金谷町・終点を藤川（東川根村）としていたが、年表に示したように、1930年8月、工事の経過の中で終点が千頭に変更された。この時まで、敷設工事に協力してきた東川根村地域の住民にとっては大事件である。すでに地名までの営業は開始されており、東川根村青部へ向っての工事も始まっていた。大井川東岸の徳山村下泉駅から田野口を通過して東川根の青部へ、そのまま大井川東岸を北上すれば大井川を横切らないで田代に入り終点藤川に到着できるのではないか、この時期に千頭への変更はどうしてであろうかと、いぶかる声もあったという。8月23日付け変更認可申請書に添付された会社側の「理由書」によると、経済的な効率・土地の広さ、工事のより容易さに理由があったようである。その内容を要約すると、

①新路線は、大井川を横切る架橋を1つ増設せねばならないが、しかし旧路線にあった断層部分や河水氾濫区域等の難工事がなくなり、曲線も緩やかとなり運転が容易でありより保安が保てる。

②鉄道の営業の最大目的である林産物は、地形上からして軌道によって千頭に集合してくるので、藤川では連絡が不便であり、かつ地狭である。

③千頭は、物資の連絡が容易であり、地域が広いので設備施行が容易である、とある。現在でも、青部－藤川間、終点藤川（小長井）の停車場などの用地問題がネックになったのではないかという声もある。ここでいう土地問題も要因の1つではあったであろうが、東川根村側が、路線通過地、停車場等の用地使用にまったく協力・理解がなかったようには思えない。会社側が主導して、効率と採算性から判断を下し変更したとみるべきである。というのは、東川根村長の田端幸作が会社々長中村円一郎に提出した懇願書の文面に「最初、定款中にも終点地は小長井と明記せし当時を追想して必ず本村に御決定を期待居りたる処、各種の関係上期待に反し、失望せしのみならず落胆致（し）」、と終点の変更に抗議をこめながら、見返りとして、千頭駅から東川根村に至る交通整備につき5項目にわたる願書を提出している。村側に路線通過に関し何らかの責任があるとしたら、このようなことが云えただろうか。この陳情をうけ、会社側は東川根村に交通整備の工事資金として2500円の寄付を承諾している。このことは、東川根村に対し、工事への協力に感謝というより、陳謝の意味があったと理解してよいであろう。

川根大橋の架橋替とその意味

　先の項で述べた道路整備の願書において、5項目のうち第1項に千頭から小長井に連絡する自動車道路の建設、第2項にその一環として川根大橋の架橋替えが俎上にあがっている。川根大橋は、荷車は通れても自動車の通過はできなかった。また、20年も前、静岡からの川根東街道の開鑿時に架橋されたものであり、架橋替え時期になっていた。県道であり、東川根・上川根両村を結ぶ主要連絡橋として重要な位置にあり、架橋替えはぜひ取り組まねばならない課題であった。県当局にも働きかけてはいたが、恐慌下で経済事情が悪く、なかなか具体的な運びとはなっていなかった。このような時、交通整備費として会社寄付金2500円が受けられることとなり、この寄付金が呼び水となって架橋替え工事が可能となった。新川根大橋は、自動車が通過できるように有効道路幅9尺（約3メートル）で完成、竣工式は1932（昭和7）年2月11日、県土木課長なども招いて挙行された。これか2代目川根大橋であるが、この時点、資料を散見した限り、自動車が通過したという形跡はない。

　鉄道敷設の目的は、会社定款では「一般旅客、貨物の運輸業」とあるが、終点千頭への変更理由書に奇しくも「営業の最大目的である林産物」と記してあるように、当時は旅客よりも貨物に関心をおいていた、といえよう。とすると、比較的人口の多い中川根村、東川根村を対岸にみて素通りしていく路線の選択も理解されてくる。34（昭和9）年4月、大井川鉄道（株）は、千頭駅を拡張し側線の増設をはかり鉄道大臣に申請書を提出しているが、その理由書のなかに「千頭奥地に於いて2会社同時に水力発電工事実施の為め工事用材料及び同就役人夫等賃客の増加を来し…」とある。また35年3月には、上川根村崎平に建設された大井川発電所建設資材を運ぶために、崎平停車場構外側線（隧道を含み1.330km）を敷設している。このように、大井川鉄道は、大間・湯山・大井川発電所建設関係の資材、また井川山林や千頭御料林などの林材の運輸に力点をおき営業活動を続けている。

『伊豆長岡町史』に登場する伊豆箱根鉄道

伊豆箱根鉄道駿豆本線の歴史は、豆相鉄道にさかのぼる。豆相鉄道は、1893（明治26）年9月30日、伊豆方面の運輸業への進出を目指した東京の資産家によって、豆相電気鉄道株式会社として設立されるが（なお、最初の許可は同年5月、電気鉄道として9月に創立総会を開く）、翌年4月、発電所経営・電気鉄道敷設計画を断念して、豆相鉄道株式会社と名称を変更して本格的な鉄道計画を推進し始めた。しかし、鉄道経営免許の許可や三島町停車場の位置問題で計画は遅れ、ようやく1896（明治29）年9月、鉄道敷設工事に着手する条件が整った。

その後1898（明治31）年5月20日、まず三島駅（現JR下土狩駅）－南條駅（現伊豆長岡駅）間が開通し、静岡県最初の民営蒸気鉄道がスタートした。南條・三島間は27分、南條発上りは6時10分始発、1日10本、最終発車は午後7時40分、下り始発は、三島5時30分、最終午後7時でやはり1日10本、運賃は、南條・三島間の1等33銭、2等22銭、3等11銭であった。開業当日、南條停車場には「祝開業」の大緑門が掲げられ、汽車発着ごとに煙火が揚がり、「近郷より集るもの数千、駅の内外に充満し盛況を極」めた。

「豆相鉄道中三島南條間は開通以来乗客多く収入益増加するより至急南條駅以南も開業せしめんと此程より線路の工事中なるが…」と好調のすべりだしを見せた鉄道経営だったが、数カ月もすると早くも経営難が表面化し始めた。「豆相鉄道は巳に三島南條間も工事を終て営業を開始したるも大仁迄全通せざれば収支相償はざれは最初よりの予算にして現に目下の収入は支出の半額にも達せず、然るに大仁迄の工事を起さんとすれば当初の資本25万円は巳に費消したる上にも13万円の負債あり株式の払込をなさしむることも出来ず社債を起すことも出来ず、昨今愈よ窮境に陥いりたれば株主中には重役の責任を問はんとて内部の事情を調査し居るものあり」という具合である。また、南條・大仁間の敷地買収は、高値買収の期待の中での地価高騰により難航した。大仁までの全線開通は、1899（明治32）年7月である。この開通までの間、同年2月、南條駅と修善寺温泉をつなぐ修善寺温泉馬車合資会社が開業し、「賃銭の低廉なると便利なるより乗客頗る多」かった。料金は、普通12銭、中等20銭

であった。全通後、この馬車路線は、大仁・修善寺間に変更した。

豆相鉄道の経営はその後も困難を極めた。1901年小山田社長が退陣するが、その背景は以下の報道に見ることが出来る。

豆相鉄道の困難　同鉄道会社は多くの社債と銀行借入金を有し而も其収入は頗る少く到底其利子さへも払ふに足らざれば目下非常に困難し居れりと。太田鉄道豊川鉄道の二の舞を演ぜざれば幸なり。

連帯輸送とは、東海道線との乗り入れである。豆相鉄道は鉄道作業局に支払うべき連帯運賃を滞納し、同年7月初め、連帯運輸停止に追い込まれ「目下避暑湯治等の期節に際し乗客の不便少からず、特に同鉄道を経由して東京方面へ輸出すべき石材薪炭等の荷主は甚だ不便を感じ居るより…」という事態に陥った。豆相鉄道が石材、薪炭の輸送ルートとしての役割を果たしていたことも分かる。また、夏の台風の時期、連年のように線路浸水、不通状態が襲い、往復割引や回数券発行（ともに1903年より）、団体割引（1904年より）などの経営努力にもかかわらず経営困難が続いた。

その中で、1903年11月、豆相鉄道の名称はそのままで、営業権と資産を伊豆鉄道に譲渡した。ただし、伊豆鉄道は三島町の花島兵右衛門、川西村古奈の蛭海文平（伊豆銀行取締）など地元資産家が豆相鉄道経営の援護のために組織した姉妹会社であり、この時から豆相鉄道の経営が地元資本主体に切り替わったと見ることが出来ようか。その後、1907（明治40）年7月、豆相鉄道は正式に解散し、伊豆鉄道株式会社として新発足した。しかし、地元資本の伊豆鉄道も軌道に乗らず、1911（明治44）年10月、三島・沼津間に静岡県最初の民営電気鉄道を運営していた駿豆電気鉄道に営業権を譲渡した。駿豆電気鉄道は仁田大八郎らによって創立された駿豆電気株式会社が社名変更した会社である。同社は、1916（大正5）年、富士水力電気株式会社に吸収合併されるが、その翌1917年11月、富士水力電気から三島・沼津間の電気鉄道と三島・大仁間の蒸気鉄道の営業権を譲渡された駿豆鉄道株式会社が発足した（伊豆箱根鉄道の前身、1957年名称変更）。なお、大仁・修善寺間の開通は、1924（大正13）年8月である。

遠州鉄道 鉄道線

えんしゅうてつどう てつどうせん

新浜松〜西鹿島

遠州鉄道モハ80形（左側）とモハ1000形の並び。

工事資材の運搬等に使用される遠州鉄道ED28形電気機関車。

◆遠州鉄道 鉄道線

● 新浜松（しんはままつ）
● 第一通り（だいいちどおり）
● 遠州病院（えんしゅうびょういん）
● 八幡（はちまん）
● 助信（すけのぶ）
● 曳馬（ひくま）
● 上島（かみじま）
● 自動車学校前（じどうしゃがっこうまえ）
● さぎの宮（さぎのみや）
● 積志（せきし）
● 遠州西ヶ崎（えんしゅうにしがさき）
● 遠州小松（えんしゅうこまつ）
● 浜北（はまきた）
● 美薗中央公園（みそのちゅうおうこうえん）
● 遠州小林（えんしゅうこばやし）
● 遠州芝本（えんしゅうしばもと）
● 遠州岩水寺（えんしゅうがんすいじ）
● 西鹿島（にしかじま）

DATA

起　点	新浜松
終　点	西鹿島
駅　数	18駅
開　業	1909（明治42）年12月6日
路線距離	17.8km
軌　間	1,067mm

遠州鉄道（当時は遠州電気鉄道鹿島線）と国鉄二俣線は西鹿島で接続した。二俣線の全線開通は1940（昭和15）年6月。遠州鉄道の終点西鹿島で並ぶ遠州鉄道クハ80形83と二俣線キハ20。西鹿島には遠州鉄道の車庫と工場がある。
◎西鹿島
1980（昭和55）年8月19日
撮影：安田就視

　1909（明治42）年12月に大日本軌道浜松支社により、鹿島線として浜松（後の遠州浜松、現在の遠鉄病院駅の東側）〜鹿島（現・西鹿島）間が軌間762mmの蒸気軽便鉄道として開通。1919（大正8）年には遠州軌道となり、1921年には電化に先立ち遠州電気鉄道と改称、1923年4月には遠州浜松〜遠州二俣（現・西鹿島）間が電化され、軌間1067mmに改軌された。1927（昭和2）年9月には国鉄浜松駅に近い旭町（初代新浜松）まで延長されたが、遠州馬込でスイッチバックする形だった。1943年には遠州電気鉄道、浜松付近のバス会社が合併し遠州鉄道となった。

　戦後の1958（昭和33）年から湘南スタイルのモハ30系が投入され、1972年には浜松市内高架化が決定された。1985年12月、現在の新浜松駅が完成して新浜松−助信間が高架化され、従来の遠州馬込経由の旧線が廃止された。2012年11月には新浜松から5.3kmの地点（上島の北側）まで高架化された。現有車両は1983年登場の1000形と1999年登場の2000形で地元では赤電と呼ばれる。政令指定都市となった浜松市の郊外電車で単線であるが12分間隔のフリークエントサービスを行っている。

遠州鉄道は、以前は新浜松から東海道線に沿って東へ向かい、遠州馬込でスイッチバックして市街地を横断し遠鉄浜松（現・遠州病院）で現在の路線に合流していた。1985年12月に浜松市内連続立体化工事が完成し、新浜松駅が移転して高架駅となり、新浜松〜遠州病院（旧・遠鉄浜松）間が高架新線に切り替えられ同時に助信までの高架化が完成した。方向の変わる遠州馬込で交換するクハ80形81編成と83編成。貨物輸送があった頃は遠州馬込で国鉄との貨車中継を行った。
◎遠州馬込　1978（昭和53）年11月10日　撮影：長谷川 明

赤電の名で親しまれる遠州鉄道（鉄道線）のモハ30形27、クハ80形89の２両編成。モハ27は1974年製造、コンビを組むクハ89は1963年製造で当初は他車と組んだ。この編成は1987年に冷房化。
◎積志〜さぎの宮
1993（平成５）年10月２日
撮影：安田就視

遠州鉄道モハ30形27とクハ80形89の2両編成。モハ30形、クハ80形は2ドア・ロングシート、釣り掛け式駆動（最後の1編成であるモハ51－クハ61はカルダン式駆動）。ドアは片開きと両開きの2種類がある。1000形の登場でこの系列は2018年までに全車が廃車された。◎遠州西ヶ崎　1978（昭和53）年11月10日　撮影：長谷川 明

1923年の遠州電気鉄道鹿島線電化、改軌時に登場したモハ1形1と2の2両編成。全長12mの木造車で正面が丸く当時としてはスマートなデザイン。連結運転可能だがドアは手動式だった。1960年代初めまで使用された。
◎遠鉄浜松付近　1960（昭和35）年3月13日　撮影：荻原二郎

クハ53形54とモハ11形12の2両編成。モハ11形12は戦時中の1943年に登場。クハ53形54はモハ11形と連結のため1950年に登場。2両とも後にモハ30形、クハ80形に台車、機器を提供した。
◎西鹿島付近　1958（昭和33）年8月9日　撮影：荻原二郎

廃車され車庫に留置されるモハ1形1。左側に1956年製造のモハ21形21が見える。近代的車体だが釣掛式駆動。
◎遠州西ヶ崎　1967（昭和42）年3月1日　撮影：荻原二郎

国鉄二俣線へ乗り入れ列車に使用されるキハ800形801（元国鉄キハ04形）。左にモハ30形とクハ80形の連結面が見える。
◎遠州西ヶ崎　1967（昭和42）年3月1日　撮影：荻原二郎

遠州鉄道モハ30形35とクハ80形87の2両編成。新浜松と西鹿島を結ぶ遠州鉄道のモハ30形、コンビを組むクハ80形は1958～80年の22年間にモハ16両、クハ12両が登場した。前面が湘南タイプ2枚窓で、塗装は鮮やかな赤（真紅）であることから地元では「赤電」と呼ばれた。このモハ35編成は1987年に冷房化され1996年に廃車された。
◎遠州西ヶ崎　1978（昭和53）年11月10日　撮影：長谷川 明

北浜中学校前に停車するモハ30形27、クハ80形89の2両編成。北浜中学校前は2007年8月に美薗中央公園に改称された。
◎北浜中学校前（現・美薗中央公園）　1981（昭和56）年1月21日　撮影：安田就視

遠州鉄道西鹿島駅は1909（明治42）年12月6日。大日本軌道浜松支社浜松（後の遠州浜松）～鹿島（現・西鹿島）開通に伴い開設され、当時は鹿島と称したが場所は現在と異なる。軌間762mmの蒸気鉄道だったが、1923（大正12）年4月、直流600Vで電化され、同時に1067mmに改軌された。1938年3月に国鉄二俣線建設に伴い現在地へ移転、1979年4月に現在のメルヘン調の駅舎となる。西鹿島駅前から天竜川沿いに飯田線水窪までバスが運行され「乗り鉄」の抜け道ルートとして知られる。
◎西鹿島　1980（昭和55）年8月19日　撮影：安田就視

遠州鉄道の凸型電気機関車ED28形ED282。元豊川鉄道（現、JR飯田線）のデキ51で1925年、英国English Electric社で製造。1943年の国有化でED28形ED282となる。貨物輸送増強のため1960年に国鉄から譲り受け。現在では工事用として使用。
◎西鹿島　1980（昭和55）年8月19日　撮影：安田就視

『浜松市史』に登場する遠州鉄道と浜松鉄道

明治中頃全国的な民営鉄道敷設ブームが起ると、遠州地方でも多くの民営鉄道や馬車鉄道の計画が立てられては消えていった。その中で浜松に関係の深い民営鉄道計画には次のようなものがあった。

①遠信鉄道　遠州と信州とを結ぶ鉄道敷設の構想は、明治28年6月浜松商業会議所の発議によって遠信鉄道の名称のもとに具体化されることになり、やがて遠信鉄道期成同盟会の結成となったが、そのままで終ってしまった。その後36年にも浜松商業会議所によって再燃されたが、これも立ち消えとなり、大正15年には浜松市が遠信鉄道私設案を定めたが実現をみなかった。

この遠信鉄道案は、その後省線として取り上げられることとなり、二俣佐久間の名称のもとに昭和12年建設と定まり、一部着工をみたが、戦争とともに中止となった（これが現在工事中の佐久間線である）。

②浜名電気鉄道株式会社　この会社については、明治29年浜松町会がこの会社の出願を「支障無之モノ」と決議しているのみで、明らかでない。

③遠三鉄道株式会社　明治30年、榛原郡相良町を起点として浜松から湖北を廻って三河（愛知県）と結ぶ計画で測量をはじめたが実現をみなかった。

馬車鉄道も明治30年代になると数々の計画案が現われたが、これも日の目を見ずに終ったものが多かった。つぎはその主なものである。

①西遠馬車鉄道株式会社　明治30年2月川口栄三郎らによって計画され、引佐郡気賀町から中川・和地・三方原・吉野・曳馬村を経由して浜松にいたる（10マイル）案として、浜松町会へ道路使用願まで出したが立ち消えとなった。

②浜松・二俣間馬車鉄道会社（仮称）　明治30年浜松町中村忠七・曳馬村中村太郎三郎らの立案。実現しなかった。

③西ヶ崎・宮口間馬車鉄道会社（仮称）　明治31年許可になり「土地立入認可願」まで出したが、これも実現しなかった。

なお、42年には中泉町（現磐田市）と池田村（現磐田郡豊田町）を結ぶ人車鉄道が開通している。

このように数多くの民営鉄道計画が立てられては坐折していったが、政府が明治に私設鉄道法（明治33年、1900）・軽便鉄道法（明治43年）を設けて私鉄の建設を奨励するにおよび、全国に私設鉄道会社が創立され、その開通をみるようになった。浜松地方でもこのような動きに乗り、2つの私設軽便鉄道会社が創立され、その開通は浜松近郊の発展に貢献するところが大きかった。その1つが二俣へ行く遠州電気鉄道株式会社であり、他が奥山へ行く浜松鉄道会社であった。つぎにこの2社の沿革について述べよう。

遠州電気鉄道

遠州電気鉄道株式会社は、その前身は浜松鉄道株式会社と称し、明治40（1907）年4月に地元の中村忠七・鶴見信平・高林維平・林弥十郎・石岡孝平らが発起人となり、当時わが国の私鉄王と呼ばれた雨宮敬次郎の参画を得て創立された会社であったが、翌年5月には雨宮の経営する大日本軌道株式会社に合併することに決定、同社の資金を得て工事を進行、42年1月に同社の浜松支社（支社長石岡孝平）として発足した。主要路線は次のとおりで、

①鹿島線　浜松田（字板屋）と磐田郡二俣町（鹿島）間を結ぶ17.7キロメートルで軌幅2フィート6インチ（762ミリメートル）、明治42年12月6日開通、鹿島線（二俣線ともいった）と称した。人口密度も多く産業経済の発達した西遠平野を南北に縦貫する二俣街道（二俣西街道ともいう）に沿って新設され、距離ももっとも長かった。当時の新聞は、鹿島線の開通に際して、板屋町の停車場入口に立派なアーチが建てられ、28人の定員に対して、40人以上が乗り込んだため、浜松から岩水寺、二俣あたりまで11哩1時間25分のところを、2時間から3時間もかかり、歩く方が早いとの笑い話も生まれ、人々が期待に胸をふくらませて乗車しているようすを報じている。

②中ノ町線　浜名郡天神町村馬込と同郡中ノ町村萱場間を結ぶ5.2キロメートルで軌幅2フィート6インチ、明治42年3月3日開通、中ノ町線と称した。東海道の路面の一部を利用して敷設された。そして馬込川に鉄橋がかかり43年には板屋町と馬込の両駅間も結ばれ、これによって鹿島線と中ノ町線は完全開通となった。

起点となった板屋町駅付近は田圃であったが、北田町新道もできて駅前通りに商店がならぶようになり、貨物営業の認可もおりた（明治44年には二俣町から周智郡犬居村まで延長の計画を『静

岡民友新聞』は報じている）。

　大正期に入ると、鹿島線から外れた笠井町民の要望により、3年5月に鹿島線西ヶ崎駅と笠井とを結ぶ笠井支線が開通した。

　そののち第1次世界大戦による好況の波が輸送機関にも及ぶと、鹿島線も北遠の物資輸送（銅鉱・紙類・木材・椎茸など）や旅客輸送に貢献するところが多かった。こうなると西遠地方の今後の発展のためにもまた北遠地方の開発のためにも、いつまでも鹿島線を大日本軌道株式会社の浜松支社のもとに委ねておくべきではないという地元の声が高まり、天竜運輸株式会社の主唱により大日本軌道株式会社浜松支社からその営業権を譲り受け、地元資本をもって新会社を創立することになった。そして社名を遠州軌道株式会社（資本金100万円、社長竹内竜雄）と称することになった。ときに大正8年8月であった。年毎に増加する輸送量を捌くため、同年公布された地方鉄道法による免許をうけ、11年8月社名も遠州電気鉄道株式会社と改め、新時代に即応し12年4月には軌幅も3フィート6インチ（国鉄在来線）に拡幅し、浜松と鹿島間の電化を完成した（この間に時代に立ちおくれた笠井町民から、浜松を起点とし市野や笠井を経て二俣に通ずる新コース案が出たりした）。

　昭和に入り不況の波がおしよせると、鹿島線沿線の岩水寺を遊園地として宣伝したり、鹿島の花火大会に臨時電車を増発したり、納涼電車の運転をしたりして経営に努力した。その後15年省線の二俣線が開業すると、旧駅（鹿島駅）より浜松寄りに新しく省線と共同の西鹿島駅を設置した。戦局が進展した18年11月には他の交通機関5社（浜松自動車・遠州秋葉自動車・掛塚自動車・遠州乗合自動車・気賀自動車等）と合併（他に4社を買収）、社名も遠州鉄道株式会社と改称、以来同社は遠鉄の名をもって現在も人々に親しまれ、北遠地方へ通ずる大動脈となっている。

　しかし自動車の発達により中ノ町線・宮口線・笠井線は廃止となった。

　なかでも東海道の路面を利用して敷設された中ノ町線は沿線の住民より危険視されたばかりでなく、煤煙は非衛生視されて、しばしば廃止運動が起きたので、大正14年に中ノ町線とかねてから経営不振の笠井線とを鹿島線より分離し、浜松軌道株式会社（社長金原明徳、昭和2年1月浜松・中ノ町間の電化を目的とし浜松電気鉄道株式会社と改称）を創設することとなった。当時流行の軌道自動車を使用して起死再生をはかろ

うというのである。そして昭和2年末から休業していた中ノ町線も4年6月には軌道自動車による再運転を開始した。しかし戦争が苛烈になるとこの中ノ町線は12年に、宮口線は14年に、笠井線も19年に廃止となった。

浜松鉄道

　奥山方広寺のある引佐郡奥山方面や三方原などを浜松と結ぶ浜松鉄道株式会社は、はじめは浜松軽便鉄道株式会社（社長伊藤要蔵）と称し、浜松（中村忠七・石岡孝平）・引佐郡の有志によって大正元年10月創立され、3年11月には元城・金指間45・05キロメートルが開通した。4年5月に浜松鉄道株式会社と改称し、本社（大字元目町）を新設の元城駅へおいた。同年9月元城駅から大日本軌道株式会社の板屋町駅までの路線も完成した。静岡気賀線（姫街道）に沿い三方原に出て、浜松田口線（金指街道ともいう）に沿って北上し金指へ出たが、まもなく同年暮には気賀へ延長された（2.16キロメートル）。終点の奥山までの全長25.8キロメートルの全線開通をみたのは大正12年4月であった（なお、その途中より分岐し井伊谷村より伊平村までの支線を設ける予定であったが実現をみなかった）。

　2フィート6インチ狭軌で機関車はドイツコッペル社製の2B型で煙突が長く、定員34名の客車を引いて1日8往復、所要時間1時間20分で運賃38銭、煙突の形がらっきょうに似ているというので、らっきょう軽便の愛称で市民に親しまれ、新しく開通したいわゆる名残のトンネルは浜松地方最初のトンネルとして珍しがられた。沿線には聯隊をはじめ中学校や師範学校があったので軍人や生徒に重宝がられたが、奥山方広寺の半僧坊参拝客といってもその数に限度があり、それに開発の遅れている三方原は人口・戸数も少いので営業成績も振わなかった。そのため電化（大正10年）を計画したり、自動車と対抗するため値下げをしたり（昭和2年）、昭和4年よりは軌道自動車の運行を実施したり、昭和20年5月遠州鉄道と合併、一部電化したり、営業改善への努力を続行したが39年10月には人々に惜しまれつつ、ついに全線廃止となった。しかし、浜松地方と浜名湖北方面を結ぶ最初の交通機関として地方開発のために貢献すること大であった。

『浜北市史』に登場する遠州鉄道

浜松鉄道の誕生

　日清戦争後の好況は浜松まで及び、浜松は遠州地域の中心地に成長するとともに人々の往来も盛んになった。浜松で最初の乗合馬車は明治29（1896）年11月に誕生した「速里軒」で、林弥十郎が経営し二俣・気賀方面に馬車を走らせた。この「速里軒」は翌30年に共通馬車合資会社と合併して浜松馬車（株）となり、気賀線と鹿島線を運行した。このうち鹿島線は元目を立場として浜松駅から二俣西街道沿いに鹿島までの路線で1日8往復運行した。運賃は浜松駅から元目まで2銭、有玉橋まで7銭、西ヶ崎まで12銭、小松まで13銭、貴布祢まで15銭、新原まで19銭、芝本まで22銭、鹿島まで25銭であった。

　その後経済の発展とともに交通量も増し、遠州地域では明治32年に小笠郡堀之内（現在の菊川駅付近）と南山間に城東馬車鉄道が敷設された。その後明治35年に秋葉馬車鉄道が開通したが、鉄道馬車では輸送能力が低いことから明治37・8年の日露戦争の勃発により馬が軍馬として徴用されたことを契機に次第に廃れていった。

　「明治期鉄道資料」によると浜松に鉄道を建設しようという動きは明治29年頃すでに存在していた。その1つが浜松・西鹿島間に計画された浜松鉄道会社で、明治29年9月に出願され、明治30年8月に仮免許が交付された。当時は第1次鉄道ブームと言われ、全国的に私設鉄道会社が勃興した時期であった。浜松鉄道に仮免許が下りた理由は、沿線人口が多く、平地で建設費が比較的廉価で、設立メンバーにおそらく有力な国会議員が加わっていたこと、また、この鉄道が実現せず明治34年に仮免許が失効したのは、たぶん資金調達が困難であったからであろう。

　明治末期から大正初期にかけて日本の鉄道政策の重要な柱として軽便鉄道政策があった。明治43年8月に軽便鉄道法、同45年に軽便鉄道補助法が施行された。両法は地方の小鉄道の建設促進を意図したもので、各地の地域社会に大きな影響をもたらし、自発的な鉄道建設計画が続々と立案された。こうして明治40年代においては民間の鉄道会社が各地で誕生した。

　浜松では明治39年秋に石岡孝平・中村忠七・鶴見信平・林弥十郎ら地元の政財界の有力者と大日本軌道株式会社の社長雨宮敬次郎が発起人になって「浜松鉄道株式会社」が設立され、鉄道敷設が出願された。

　明治39年11月15日の静岡民友新聞は浜松鉄道について次のように報じている。

　浜松鉄道に就て　本紙が逸早く記せし如く去十二日其筋へ出願の運びとなりしが発起人は雨宮敬次郎、松浦五兵衛、石岡孝平、中村忠七、鶴見信平、林弥十郎、鈴木幸作、高林維兵衛、松本君平の諸氏にて資本金四十万円、区域は浜松町鹿島間及び浜松中ノ町村間十六哩なりと因に同鉄道開通の為めに天龍川駅は打撃を受け天龍運輸会社など利益を失う恐れありと云ふものあれども本鉄道の主眼は西遠一帯陸上交通の便利をはかるものにて天龍川の水運とは全く何等の関係なく競争すべき性質のものにあらず陸上交通の便開くる時は天龍川の水運は却て是が為めに一層便利を得て貨物の輻輳を見るべしと聞けり。

　同社は浜松板屋町と二俣西鹿島間（鹿島線）及び浜松馬込と中ノ町間（中ノ町線）の2線の軽便鉄道の建設を計画し、同年4月に内務大臣から鉄道敷設の許可を受けた。敷設工事は同40年に着手されたが、路線の変更などで当初予定された年末の開業が延期され、同41年8月に浜松鉄道は「大日本軌道」に統合され、同社の浜松支社となった。中ノ町線が開通したのが明治42年3月、鹿島線は同年12月であった。中ノ町線・鹿島線ともに軌間は軽便の標準規格の2呎6吋（762ミリ）で、このうち鹿島線は浜松の板屋町を起点に、二俣西街道を北上し、浜北地域を経て現在の西鹿島駅よりやや北寄りの地点までの経路であった。この間停車場は、浜松・常盤・助信・島之郷・上島・市場・共同・松木・西ヶ崎・小松・貴布祢・道本・新原・芝本・岩水寺・御馬ヶ池・鹿島の17ヵ所で全長約17.7キロメートルであった。運賃は浜松鹿島間が26銭とかなり高いものであった。両線は蒸気機関車が客車を牽引し、駅員はまだ羽織袴であったが、乗務員は黒詰め襟、金ボタンで、その姿は当時の若者のあこがれのまとであったという。しかし長年乗合馬車に親しんだ人々にとっては、この新しい交通機関に乗り換えることは容易でなく、運賃の高いこともあり利用者は少なかった。

　開業当初は旅客のみ扱ったが、43年からは貨物の取扱いも行うようになった。明治42年12月には中ノ町線の馬込・南新町間の0.5キロメート

ル、明治43年３月には南新町・板屋町間の0.5キロメートルが開通し、鹿島線と中ノ町線が接続することになった。また大正３年４月には笠井町民の強い要望によって西ヶ崎・笠井間の2.3キロメートルの笠井線が鹿島線の支線として開通した。同線には万斛、女学校前の２駅（いずれも無人駅）があり、所要時間は16分、１日12往復運行した。

　当時の大日本軌道浜松支社の営業状況は、「大正期鉄道資料」から知ることができる。それによると、大正元年における同支社の車両所有状況は機関車７台、客車10両で、すべて定員20～30人の車両であった。また営業成績は乗客人員は45万4816人で１日あたり1,256人、運賃収入は49,145円、貨物収入は276円であった。さらに客車走行１マイル平均の運賃収入は29銭７厘で、これは軽便13社（大日本軌道は支社単位）のうち７位に位置していた。この数字で見る限り浜松支社線の営業成績はほぼ中程度であった。

　大正６年１月の鹿島線の時刻表である。このうち鹿島発浜松行き（上り）は鹿島（二俣）駅、浜松発鹿島行き（下り）は浜松駅の発車時刻であると思われる。それによると上りが16本、下りが19本で下りの方が３本多い。この差は上りが鹿島駅の時刻のために笠井発の列車が含まれていないからで、上りにはそれが３本あると思われる。列車の間隔は上りは15分から１時間15分位まであり、50分間隔が９本と多い。一方下りは25分から１時間15分間隔で50分間隔が13本と多い。１時間以上の間隔の時は貨物列車が走っていたものと思われる。時刻表の笠井連絡とは西ヶ崎駅で笠井行きの支線と連絡をしているということである。この時刻表から見る限り浜松・西ヶ崎間の列車本数が多く、この区間および笠井方面への利用客数が多かったのではないかと思われる。

遠州電気鉄道の設立

　第１次大戦による好況は浜北地域にも及び、産業の発展によって鹿島線の輸送量も増加することになった。それは旅客量の増加にとどまらず、北遠で生産される鉱石・紙・繭などの貨物の輸送量も増加した。こうした地域経済の成長を背景に、地元資本の鉄道会社を設立して大日本軌道（株）浜松支社から鉄道敷設権及びすべての財産を譲り受けて鉄道経営を行おうという動きが起こった。その中心になったのが天竜運輸（株）であった。天竜運輸（株）は、天龍川治山治水事

業の創始者である金原明善が平野又十郎らと共に明治25年９月に和田村に設立した会社で、天龍川の舟運を利用して流域の木材や久根鉱山の鉱石、気多の製紙などの運送を業務とし、明治末には全国有数の運輸会社に成長していった。同社が地元資本の鉄道会社の設立に積極的になったのには次のような２つの理由があった。すなわち、その１つは鹿島線の貨物輸送が本格化し、天龍川筋の木材が二俣で陸揚げされ同線で輸送され、浜松駅からは東海道線で東西市場に搬出されるようになったため、従来の陸揚げ地点である天龍川河口の半場の陸揚げ量が減少し、それを主たる業務としている天竜運輸（株）にとっては企業の存亡にかかわる重大な問題になったことである。また、もう１つは大正の初期にみられた遠信鉄道と三信鉄道の敷設運動に関わることであった。遠信鉄道は鹿島駅から天龍川沿いに北上し中央線の辰野と結ぶ鉄道であり、三信鉄道は愛知県の東三河地方と辰野を結ぶ鉄道（現在のＪＲ飯田線）であった。もし遠信鉄道が実現すれば信州と浜松は鉄道（遠信鉄道・大日本軌道鹿島線）で結ばれ、天龍川を利用して運搬されている貨物はすべて鉄道で輸送されることになりかねず、舟運に依存している天竜運輸（株）にとっては最大の脅威であった。このため同社は鉄道経営に積極的になったのである。

　こうして設立されたのが「遠州軌道株式会社」であった。同社の発起人は大正８年５月に浜松商業会議所において行われ、内山文作・中村忠七・平野又十郎ら39名が発起人となって資本金100万円で会社設立が決定された。

　当時の浜松は織物業の発展を背景に遠州地域の中心地として商工業の発展が著しく、それに伴って旅客・貨物の輸送量の増加も顕著で、軽便鉄道ではとても対応できる状況ではなかった。このため国鉄と同じ３呎６吋の新路線を作り、併せて電化を行おうという計画が浮上し、大正９年１月の取締役会において決定した。大正11年６月に鉄道大臣の認可を受けて工事に着手し、翌12年４月に鹿島線遠州浜松（旧板屋町）から遠州二俣（旧鹿島）の電化新線が開通した。この新路線は従来の路線とほぼ平行して敷設された。なおこの開通に先んじて大正10年８月に同社は社名を「遠州電気鉄道株式会社」に変更した。電化によって浜松・遠州二俣（旧鹿島）間の所要時間はそれまでの１時間25分から43分へと大幅に短縮された。

遠州鉄道 奥山線

遠鉄浜松～奥山

浜松軽便鉄道（軌間762㎜）として、1914（大正３）年11月に三方ヶ原台地を横断し元城（浜松市内）～金指間が開通したが非電化だった。1915年には浜松鉄道と改称され、同年９月には浜松市内の始発駅が板屋町になった。同年12月には気賀（後の気賀口）まで延長され、1923年４月には奥山まで全線開通した。

1943年には鹿島線（後に二俣電車線と呼ばれる、現在の鉄道線）を運営していた遠州電気鉄道と浜松付近のバス会社が合併して遠州鉄道が発足し、戦後の1947年には浜松鉄道を合併して遠州鉄道奥山線となった。

1950（昭和25）年12月に東田町（浜松市内）～曳馬

曳馬野での電車と気動車の接続風景。軌間762mmの遠州鉄道奥山線は1950年に東田町（後に遠州浜松に統合）－曳馬野間が電化、1951年には曳馬野〜奥山間が気動車化された。左がモハ1003形1003、右がキハ1804形1804。
◎曳馬野　1962（昭和37）年9月2日
撮影：西原 博

◆遠州鉄道 奥山線

- 遠鉄浜松（えんてつはままつ）
- 北田町（きたたまち）
- 元城（もとしろ）
- 広沢（ひろさわ）
- 名残（なごり）
- 池川（いけがわ）
- 上池川（かみいけがわ）
- 住吉（すみよし）
- 銭取（ぜにとり）
- 幸町（さいわいちょう）
- 小豆餅（あずきもち）
- 追分（おいわけ）
- 曳馬野（ひくまの）
- 三方原（みかたばら）
- 豊岡（とよおか）
- 都田口（みやこだぐち）
- 谷（たに）
- 祝田（ほうだ）
- 金指（かなさし）
- 岡地（おかじ）
- 気賀口（きがぐち）
- 井伊谷（いいのや）
- 四村（よむら）
- 田畑（たばたけ）
- 中村（なかむら）
- 小斎藤（こざいとう）
- 奥山（おくやま）

DATA

起 点	遠鉄浜松
終 点	奥山
駅 数	27駅
開 業	1914（大正3）年11月30日
廃 止	1964（昭和39）年11月1日
路線距離	25.7km
軌 間	軌間：762mm

野（ひくまの）間が電化され、翌1951年からは曳馬野〜奥山間が気動車化、軽便気動車は曳馬野で軽便電車に連結され浜松市内まで直通した。1958年6月には二俣電車線との奥山線の接続駅として遠鉄浜松駅（現・遠州病院駅）が設置され、奥山線の始発駅は遠鉄浜松になった。会社としては奥山線の近代化（1067mmへの改軌）には消極的だったようで、同社のバスに譲る形で1963年5月には気賀口〜奥山間が廃止され、1964年11月1日付で遠鉄浜松〜気賀口間が廃止され、奥山線は姿を消した。

てんりゅうはまなこてつどう てんりゅうはまなこせん
天竜浜名湖鉄道 天竜浜名湖線
（旧・国鉄二俣線）
掛川〜新所原

　天竜浜名湖鉄道の前身は国鉄二俣線である。東海道線が攻撃を受け不通になった時の迂回線として掛川と新所原の双方から建設され、1940（昭和15）年6月に全線開通した。金指にはセメント工場があり専用線が敷かれ、C58形蒸気機関車（後にDE10）牽引のセメント輸送貨物列車が運転されていた。1958年から1961年までは遠州鉄道の気動車（元国鉄キハ04形）が新浜松から西鹿島経由で遠江二俣、遠江森まで1日4往復直通運転された。

　1984（昭和59）年には国鉄特定地方交通線に指定されて廃止対象になったが、JR発足直前の1987年3月15日、第三セクター天竜浜名湖鉄道に移管され天浜線となった。移管後は増発されレールバスTH1形により、毎時1本程度の運転になったが、豊橋直通はなくなり新所原発着となった。国鉄時代の駅、施設がそのまま利用され、遠江二俣機関区はそのまま車両基地となり扇形庫、転車台などは登録有形文化財に指定されている。天浜線は東部では丘陵の間を縫い、西部では奥浜名湖に沿い風光明媚であり、駅舎なども店舗として利用されている。車両もレールバスに代わりTH2100形が主力になっている。

1996年から2021年まで25年間に渡って活躍した
TH3000形のお別れ運転。

天竜浜名湖鉄道TH1形の2両編成。いわゆ
るレールバスで車両の寿命も約15年とさ
れ、老朽化も早く2001〜2004年に廃車
されTH2100形に置き換えられた。
◎原谷〜戸綿
1987 (昭和62) 年5月30日
撮影：安田就視

浜名湖佐久目駅は海岸に
近く、ユリカモメが飛来
することでも有名。

◆天竜浜名湖鉄道 天竜浜名湖線
（旧・国鉄二俣線）

● 掛川 （かけがわ）
● 掛川市役所前 （かげがわしやくしょまえ）
● 西掛川 （にしかけがわ）
● 桜木 （さくらぎ）
● いこいの広場 （いこいのひろば）
● 細谷 （ほそや）
● 原谷 （はらのや）
● 原田 （はらだ）
● 戸綿 （とわた）
● 遠州森 （えんしゅうもり）
● 森町病院前 （もりまちびょういんまえ）
● 円田 （えんでん）
● 遠江一宮 （とおとうみいちのみや）
● 敷地 （しきじ）
● 豊岡 （とよおか）
● 上野部 （かみのべ）
● 天竜二俣 （てんりゅうふたまた）
● 二俣本町 （ふたまたほんまち）
● 西鹿島 （にしかじま）
● 岩水寺 （がんすいじ）
● 宮口 （みやぐち）
● フルーツパーク （フルーツパーク）
● 都田 （みやこだ）
● 常葉大学前 （とこはだいがくまえ）
● 金指 （かなさし）
● 岡地 （おかじ）
● 気賀 （きが）
● 西気賀 （にしきが）
● 寸座 （すんざ）
● 浜名湖佐久米 （はまなこさくめ）
● 東都筑 （ひがしつづき）
● 都筑 （つづき）
● 三ヶ日 （みっかび）
● 奥浜名湖 （おくはまなこ）
● 尾奈 （おな）
● 知波田 （ちばた）
● 大森 （おおもり）
● アスモ前 （アスモまえ）
● 新所原 （しんじょはら）

DATA

起 点	掛川
終 点	新所原
駅 数	39駅
開 業	1935 (昭和10) 年4月17日
三セク転換	1987 (昭和62) 年3月15日
路線距離	67.7km
軌 間	1,067mm

国鉄二俣線は1987年3月15日、第三セクター天竜浜名湖鉄道天浜線となった。第三セクター化で登場したTH1形107。富士重工製のLE-CarⅡシリーズのワイド版で全長15.5m。いわゆるレールバスで老朽化が早く2001～2004年にTH2形、TH3形、TH4形とともに全車が廃車となった。◎原谷～戸綿　1987（昭和62）年5月30日　撮影：安田就視

茶畑をバックに走る国鉄二俣線のキハ17系キハ10－キハ17－キハ10－キハ11の4両編成。キハ10、キハ11はキハ17系の両運転台車だが、キハ10には便所がなく、旅客サービス上問題であった。二俣線気動車はキハ20系とキハ17系が遠江二俣機関区（静マタ）に配置されていた。◎原谷～戸綿　1978（昭和53）年9月23日　撮影：安田就視

国鉄時代の二俣線遠江二俣駅。1940（昭和15）年6月1日二俣線遠州森～金指間開通に伴い開設。1987年3月15日、天竜浜名湖鉄道への移管に伴い天竜二俣と改称。開業時の木造駅舎を現在でも使用。写真左側に青春18のびのびきっぷ（現・青春18きっぷ）のポスターがある。1982年春に発売され同年夏にも発売、今に続く人気きっぷとなった。ここから飯田線中部天竜、水窪方面への国鉄バスが発着。◎遠江二俣（現・天竜二俣）　1982（昭和57）年8月18日　撮影：安田就視

天竜川橋梁を渡るＣ58牽引のセメント輸送貨物列車。貨車はセメント輸送用のタキ1900形で住友セメント所有の私有貨車。
タキ1900形は1964 〜 81年に製造されたセメント会社各社が所有する私有貨車。
◎二俣本町〜西鹿島　1971（昭和46）年１月15日　撮影：安田就視

天竜川橋梁を渡る二俣線のキハ20形2両編成。諏訪湖を源流とする天竜川は飯田線に沿って流れ、佐久間付近から飯田線と
別れて南下し、二俣線（天竜浜名湖鉄道）、東海道本線、新幹線と交差し太平洋に向かう。
◎二俣本町〜西鹿島　1981（昭和56）年2月10日　撮影：安田就視

奥浜名湖に沿って走る天竜浜名湖鉄道
TH1形の1両列車。この線は天浜線と
呼ばれ、西部では奥浜名湖が車窓に見え
隠れする。
◎寸座〜西気賀
1987（昭和62）年5月30日
撮影：安田就視

Ｃ58 364が牽引するセメント輸送列車。二俣線の蒸気機関車（SL）は1971年３月で終了し、DE10に置き換えられた。二俣線は都田～宮口間に25‰の急勾配があり、Ｃ58重連牽引（または後補機）の貨物列車が運転された。
◎西気賀～寸座　1971（昭和46）年１月15日　撮影：安田就視

佐久米を発車する二俣線のキハ20系4両編成。国鉄気動車の塗装は1977年登場のキハ40系から朱色（赤5号）塗装となり、在来の一般型気動車（キハ17、20、35、45系など）も順次この色に塗り替えられた。画面右側に佐久米駅（ホーム片側1面）が見える。この駅舎は現在でも使用されている。
◎佐久米（現・浜名湖佐久米）　1983（昭和58）年8月18日　撮影：安田就視

DE10形ディーゼル機関車が重連で牽引するセメント輸送列車。先頭はDE10 1521（遠江二俣機関区）。二俣線には金指に
住友セメント（現・住友大阪セメント）の浜松工場があり、金指駅から専用線が延び、セメント輸送列車が運転されていた。
同工場は1984年に廃止され、同線の貨物輸送も1985年3月改正時に廃止された。
◎佐久米（現・浜名湖佐久米）　1983（昭和58）年8月18日　撮影：安田就視

二俣線のDE10重連牽引の貨物列車。
1970年秋から遠江二俣機関区にDE10形
ディーゼル機関車が配置され、徐々にC
58を置き換え、1971年3月末限りでC
58は引退した。
◎都筑～三ヶ日
1982（昭和57）年12月8日
撮影：安田就視

1957（昭和32）年当時の静岡県内私鉄時刻表

32.10.1 改正　吉　原──岳南江尾　電　連　（岳南鉄道）

609	659	729	此間	2153	2227	2314	粁	円	発 吉　　原 ⑪着	540	608	645	此間	2142	2208	2302
616	707	737	約20〜40	2202	2234	2321	3.0	10	〃 本 吉 原 発	533	601	638	約30〜40	2135	2201	2255
624	715	746	分毎	2210	2242	2329	6.4	25	〃 岳南富士岡 〃	525	552	629	分毎	2127	2153	2247
633	722	754		2217	2250	2336	9.2	40	着 岳南江尾 発	516	543	620		2118	2144	2238

32.10.1 改正　新藤枝─袋井─森町─大手・地頭方─御前崎　電　連　（静岡鉄道）

静岡清水線	新　静　岡─新 清 水	5 10─23 00	4〜15分毎運転	11.0粁	所要25分	30円
静岡市内線	静岡駅前─安　　西	5 30─22 12	10分毎運転	2.0粁	所要10分	10円
清水市内線	港　橋─横　　砂	5 55─22 40	7〜16分毎運転	4.7粁	所要20分	15円

粁	円	新 藤 枝 ⑪着	…	…	…	6 05	此の間 新藤枝発袋井行 650	15 47	16 29	1752	2114	2207
10.1	65	榛 原 町 発	…	…	…	6 53	718.849.1026.1202.1306	16 36	17 27	1841	2202	2254
22.1	95	相　良 〃	…	…	640	7 10	1424 同発地頭方行926.1009	16 51	17 45	1857	2218	2310
27.9	105	地 頭 方 〃	…	…	658	8 00	1334.1725.1831.1944.2020	17 11	18 02	1930	2234	2326
35.0	130	浜 岡 町 〃	…	…	719	8 21	快速1508	17 32	18 23	1950		
43.3	160	新 三 俣 〃	437	540	604	819	9 00	相良行 825.953.1131.1235	17 55	18 45	…	…
50.4	180	新横須賀 〃	458	602	629	841	9 25	1515.1857 快速 751 袋井行	18 21	19 09	…	…
60.7	215	袋　井 発	529	631	703	912	10 00	に連絡あり　　1819	18 56	19 44	…	…

粁	円	袋　井 ⑪発	…	…	…	5 54		17 41	18 37	2020	2107	2152
10.3	40	新横須賀 〃	…	…	…	6 27	此の間 袋井発新藤枝行 703	18 22	19 17	2056	2140	2224
17.4	70	新 三 俣 〃	…	…	…	6 55	747.826.938.1236.1518.	18 45	19 34	2120	2201	2245
25.7	100	浜　岡 〃	…	…	637	7 18	1606 同発地頭方行1048	19 08	19 57			
32.8	120	地 頭 方 〃	406	…	542	659	7 39	同発新三俣行849.1151.1310	19 30	20 18		
38.6	140	相　良 〃	423	538	603	718	7 56	1413.1457.1652.1719.1806.	19 46	20 37		
44.6	160	榛 原 町 〃	440	554	620	734	8 11	1922	20 02	20 53		
60.7	215	新 藤 枝 ⑪着	527	644	644	823	9 01		20 48	21 41		

505	550	648	此間	2021	2109	2154	粁	円	発新袋井⑪着	533	634	704	此間	2037	2125	2238
527	612	710	約30分毎	2043	2131	2216	6.0	20	〃山 梨発	511	612	642	約30分毎	2015	2103	2216
548	633	731		2104	2152	2237	12.1	40	着遠州森町発	451	551	621		1954	2042	2155

| 521 | 600 | 635 | 此 間 | 2033 | 2125 | 粁 | 円 | 発大　手　着 | 556 | 627 | 645 | 此 間 | 2121 | 2213 |
| 534 | 613 | 649 | 16〜30分毎 | 2046 | 2138 | 3.9 | 10 | 着新 藤 枝 ⑪発 | 543 | 624 | 632 | 16〜30分毎 | 2108 | 2205 |

| 615 | 此間 715.820.1020.1145 | 2045 | 粁 | 円 | 発地 頭 方着 | 530 | 此間 635.735.935.1135 | 1900 |
| 635 | 1320.1425.1520.1730.1820 | 2100 | 6.5 | 20 | 着御 前 崎発 | 515 | 1235.1415.1520.1635.1750 | 1840 |

| 630 | 730 | 835 | 940 | 10 50 | 1510 | 粁 | 円 | 発袋　　井着 | 915 | 1015 | 1120 | 1220 | 1325 | 1435 | 1605 | 1745 | 1855 |
| 820 | 925 | 1025 | 1130 | 12 40 | 1700 | 36.7 | 140 | 着秋 葉 山発 | 725 | 825 | 930 | 1030 | 1135 | 1245 | 1415 | 1555 | 1705 |

32.11.15 訂補　新静岡─久能山─清水─三保─日本平　非　（静岡鉄道）

625	6 40	7 40	此 間	17 40	2040	円	発新 静 岡着	710	810	910	1100	此 間	1910	2150	…
700	7 15	8 15	60分毎	18 15	2115	40	〃久能山下発	635	735	835	1025	約60分毎	1835	2115	…
	7 45	8 45		18 45		70	着清 水発	605	705	805	955		1805		

| 新静岡─清水─三保 | 新静岡発 610─1810 | 三 保 発 658─1858 | 60分毎 | 50円 | 新静岡─清水 30円 |
| 新静岡─清水─日本平 | 新静岡発 815─1615 | 日本平発1040─1740 | 60分毎 | 70円 | 清水─三保及び日本平30分毎 |

| 日本平ロープウェイ 非 | 区　間 | 所要 | 料　金 | 900─1700 |
| | 日本平──久能山 | 6分 | 片道70円 往復 120円 | バスに接続運転 |

32.8.1 訂補　新浜松─西鹿島　電・東田町（浜松）─奥山　連　（遠州鉄道）

5 00	5 51	6 14	此間	21 30	22 03	22 30	粁	円	発新 浜 松着	5 50	5 51	6 46	此間	2129	21 59	22 34
5 30	6 24	6 45	約30分毎	22 00	22 33	23 00	12.0	40	〃遠州貴布祢発	5 21	5 49	6 15	約30分毎	2100	21 30	22 08
	6 30	6 59	分毎	22 12	22 46	23 12	18.6	50	着西 鹿 島発	5 08	…	5 42	分毎	2047	21 17	21 56

535	620	653	723	此間東田	2030	2100	2130	2200	円	発東田町着	556	641	714	東田行	2121	2151	2221
603	658	725	748	発奥山行	2057	2124	2154	2224	8.3	30	〃曳馬野発	532	617	650	奥山発	2057	2127	2157
605	700	728	750	毎時30分	2100				9.2	30	〃三方原 〃			645	毎時02	2052		
623	718	745	808		2124				15.9	50	〃金指 〃			623	分曳馬	2050		
628	724	751	821	曳馬行	2131				18.1	60	〃気賀口 〃			617	発毎時	2023		
	746		842	時 0分	2153				25.8	80	着奥　山発			555	27分	2002		

| 連 | 西鹿島─秋葉山 23.8粁 70円 | 715─1605 | 1日10往復運転 | 所要1時間40分 |
| | 袋　井─法多山 4.8粁 15円 | 800─1900 | 約60分毎 | 所要15分（浜松─袋井30分毎運転あり） |

| 非 | 浜名湖 | 浜　　松──館 山 寺 | 700─2100 | 約15〜30分毎 | 所要50分 | 50円 |
| | | 館 山 寺──浜　　松 | 610─2000 | | | |

1957年の「交通公社時刻表」。上から岳南鉄道、静岡鉄道、遠州鉄道が掲載。静岡鉄道駿遠線は新藤枝〜袋井間60.7kmを3時間以上かけて結び、全線直通は10往復だが、1964年9月の中間部（堀野新田〜新三俣間）廃止直前はこの区間は5往復だった。秋葉線は新袋井〜遠州森町間12.1kmを40分余りで結んでいた。遠州鉄道奥山線は浜松市内の東田町始発だが、翌1958年に遠鉄浜松（現・遠州病院）に統合。

32.10.1 訂補　金　谷──千　頭　電　連　（大井川鉄道）

5 30	7 06	此 間	19 48	21 10	粁	円	発金　谷 ⑪着	6 32	7 18	此 間	19 26	21 00
5 52	7 32	金谷発千頭行	20 10	21 32	12.3	40	〃福　用発	6 08	6 55	千頭発金谷行	19 05	20 38
6 10	7 47	806.907.1006	20 24	家	20.0	60	〃笹 間 渡 〃	5 52	5 55	630.725.837	18 50	20 24
6 26	8 03	1113.1258.1443	20 39	山	27.4	90	〃下　泉 〃	5 38	山	935.1105.1155	18 36	20 08
6 41	8 16	1552.1647.1744	20 51	行	34.1	110	〃駿河徳山 〃	5 26	発	1304.1445.1630	18 23	19 56
6 45	8 22	1827	21 02	…	36.1	120	〃青　部 〃	…		1726	18 13	19 52
6 52	8 27	新金谷発 614	21 02	…	39.5	130	着千　頭 発	5 15		新金谷発 518	18 12	19 45

交通公社時刻表に掲載された1957年10月時点の大井川鉄道時刻表。金谷〜千頭間39.5kmを1時間15〜20分程度で結び、全線直通は13往復。当時の電車は国鉄から譲り受けた木造車が中心。

2章

モノクロフィルムで記録された
静岡県の私鉄

駿遠線大井川～遠州神戸間の大井川橋梁を渡るキハ16先頭の2両編成。写真左側（下流側）に道路橋（富士見橋）が完成している。藤相鉄道は資金難で開通当初は鉄道橋を架橋できず、大井川に架橋された人道橋で徒歩の連絡だった。後に人道橋（富士見橋）上に人車軌道が敷設された。1924年には道路橋が架橋され、併用軌道として大井川～大幡（後に廃止）間が開通した。鉄道専用橋の開通は1937年7月であるが、橋桁は木造であった。この区間は1968年8月に廃止された。
◎大井川～遠州神戸　1956（昭和31）年6月30日　撮影：髙井薫平

伊豆急行 伊豆急行線

熱海で折り返す伊豆急100系のクハ150形158。1968年までは伊東線列車は熱海〜来宮間を東海道線と共用し、熱海では東海道線上りホームの切り欠き部分から発着していた。1968年10月改正時に熱海〜来宮間に伊東線用の複線が増設され東海道線と分離されたが、実際には増設された複線が東海道線となり、在来の複線は伊東線が使用した。熱海では折返しホーム（1番線）が増設され伊東線列車が発着するようになった。◎熱海　1967（昭和42）年11月6日　撮影：長谷川 明

熱海で折り返す伊豆急100系に連結された1等車サロ180形184。伊豆急は1961年12月の開通時から1等車（サロハ180形）があったが、全車1等車として1963〜64年にサロ180形184〜186が登場した。登場時は回転クロスシートが並び、窓は2枚1組（国鉄サロ165などと同様）だった。1969年からグリーン車となり1970〜72年に冷房化され広窓の固定窓になった。1986年から普通車に格下げされサハ180形となったが、車内はそのままだった。
◎熱海　1965（昭和40）年10月　撮影：長谷川 明

伊東駅3番線に停車中の快速の表示を付けた伊東〜伊豆急下田間の線内折返し列車。2両目に食堂車（実質的にはビュフェ車）サシ190形サシ191が連結されている。サシ191は伊東線への乗り入れが認められず、線内折返し列車に連結された。先頭は両運転台のクモハ100形104。
◎伊東　1965（昭和40）年7月18日　撮影：西原 博

1963年4月にサントリービールのPRも兼ねて登場したサシ190形191。スコールカーの愛称があり調理室側には窓がない。私鉄唯一の全車食堂車だったが実質的にはビュフェ車で飲み物、軽食が中心だった。1967年10月から伊東線への乗り入れが認められ、側面表示（横サボ）は熱海～伊豆急下田となっているが、伊東線内での食堂車営業は認められず座席車としての扱いだった。◎伊豆高原　1967（昭和42）年11月6日　撮影：長谷川 明

私鉄では珍しい食堂車サシ190形191の車内。サシ190形191は1963年4月に洋酒メーカーのサントリーから寄贈された全車食堂車で、発売されたばかりのサントリービールの宣伝を兼ね「スコールカー」の愛称があった。国鉄線内への乗り入れが認められず、伊豆急線内だけの運行で影が薄く（座席車扱いで熱海まで運行されたことはある）、サロンカーのような存在で1974年にサハ190形191に改造された。◎1967（昭和42）年11月6日　撮影：長谷川 明

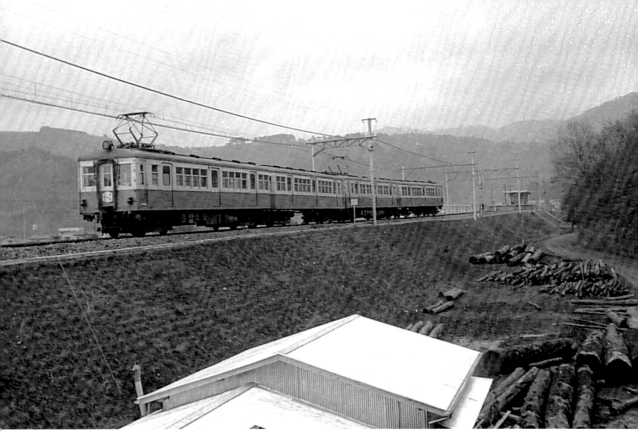

東急からのデハ3600系の借入車。1962年3月から1964年12月まで東急の旧形車4両編成が応援として営業列車に使用された。当初はみかん色と濃紺の旧東急色だったが、後にハワイアンブルーの伊豆急色になった。
◎南伊東　1962（昭和37）年12月16日　撮影：西原 博

伊豆高原に到着する157系上り急行「第1伊豆」。所定では伊豆急下田発着編成は7両だが、この日は東京方にクモハ157－モハ156を2両増結して9両で運転。熱海で修善寺発着編成（6両）と併結され熱海～東京間は15両編成で運転。
◎伊豆高原　1965（昭和40）年7月18日　撮影：西原 博

伊豆高原での国鉄157系急行「伊豆」と伊豆急クモハ110形124（高運転台）のすれ違い。急行「伊豆」は1964年11月から東京〜伊豆急下田・修善寺間に登場。特急と同様の設備のため急行とされ、153系準急との差別化が図られた。1966年３月、100km以上運転の準急は急行となったため、157系「伊豆」と153系「いでゆ」「あまぎ」は設備に格差があるが同じ料金となった。1968年10月から東京－伊豆間の急行は157系、153系ともに「伊豆」に統一されたが、1969年４月、157系使用列車は特急「あまぎ」となりこの不合理は解消した。◎伊豆高原　1967（昭和42）年11月６日　撮影：長谷川 明

クハ150形159－クモハ110形－クモハ100形の３両編成。国鉄に乗入れ熱海－伊豆急下田の行先表示（前サボ）が付いている。伊豆急は普通電車も国鉄伊東線と直通し（一部を除く）、国鉄は横須賀線色（いわゆるスカ色）の113系が伊豆急下田まで入線したが、1961年の開通時はクハ76、モハ70、クモハ43などの横須賀線車両が伊豆急下田まで入線した。
◎伊豆高原　◎1967（昭和42）年11月６日　撮影：長谷川 明

伊豆箱根鉄道 駿豆線

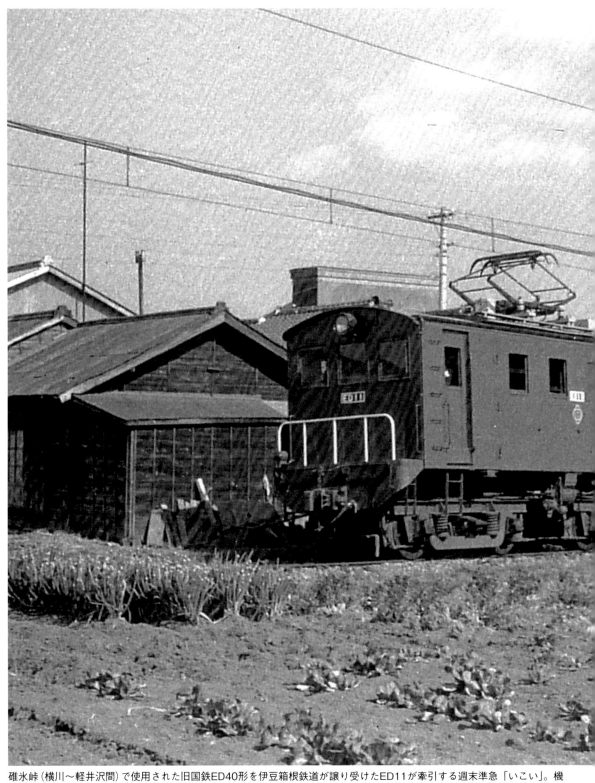

碓氷峠（横川〜軽井沢間）で使用された旧国鉄ED40形を伊豆箱根鉄道が譲り受けたED11が牽引する週末準急「いこい」。機関車の次は転換式クロスシートの「並ロ」オロフ32形、その次に客車特急「つばめ」「はと」から転用されたスハ44（座席は回転式に改造）が続く。「いこい」は東京〜伊東、修善寺間の週末準急（下り土曜、上り日曜）で全車自由席だった。
◎三島広小路付近　1961（昭和36）年4月2日　撮影：西原 博

伊豆箱根鉄道軌道線

未舗装の旧東海道で交換する伊豆箱根鉄道軌道線。軌道線は単線のため交換駅が三ヶ所あった。伊豆箱根鉄道とライバル関係にある東海自動車のバスとすれ違う。
◎1961（昭和36）年3月31日　撮影：西原 博

三島広小路で駿豆線と連絡する軌道線。駿豆線の踏切手前で左側に曲がり、駿豆線と並んで三島広小路駅に入る。車両はモハ200形202。写真右の映画館にアメリカ映画「底抜け宇宙旅行」（1960年公開）の看板がある。
◎三島広小路　1961（昭和36）年4月2日　撮影：西原 博

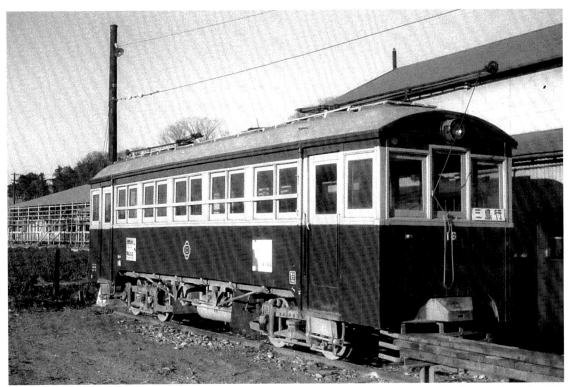

沼津駅前と駿豆線三島広小路間を結んでいた路面電車、伊豆箱根鉄道軌道線の木造車モハ16（大雄山線からの転入車）。軌道線は1961年6月に黄瀬川に架かる橋が流出し、沼津駅前〜国立病院前が運休し代行バスが運転され、1963年2月に残りの国立病院前〜三島広小路間が廃止された。最後までポール集電だった。長沢にあった軌道線車庫で撮影。
◎長沢車庫　1961（昭和36）年4月2日　撮影：西原 博

三島市内、旧東海道上の単線を走る伊豆箱根鉄道軌道線。旧西武鉄道新宿軌道線（後の都電杉並線）から転入したモハ200形201。◎1961（昭和36）年3月31日　撮影：西原 博

岳南電車
岳南鉄道線

クハ21とモハ106。クハ21は元富岩鉄道セミボ20形（セミボはセミスチールボギー略）荷物室付き。富岩鉄道は戦時中に富山地方鉄道に統合され戦時買収で国鉄富山港線（→富山ライトレール→富山地方鉄道富山港線）となる。1953年に岳南鉄道が譲り受け。
◎岳南江尾　1957（昭和32）年3月28日
撮影：西原 博

クハ1210先頭の吉原行。2両目は元伊那電気鉄道の車両で戦後国鉄から譲り受けたモハ201。左後方に終点岳南江尾駅がある。この付近に東海道新幹線が建設された。◎岳南江尾　1957（昭和32）年3月28日　撮影：西原 博

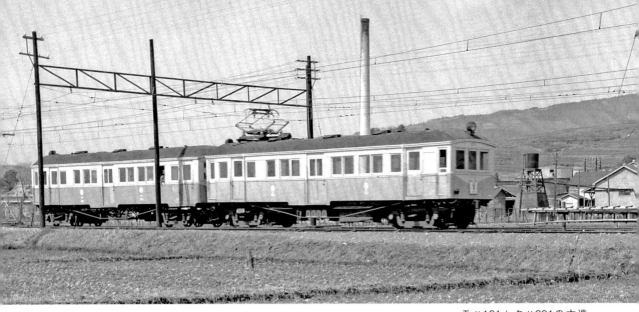

モハ101＋クハ201の木造車2両編成。新幹線が建設される前の岳南江尾に到着。
◎岳南江尾
1957（昭和32）年3月28日
撮影：西原 博

元木造省線電車のモハ101。駿豆鉄道を経て1949年の岳南鉄道開業時に入線。1961年に車体を新製し日車標準車体のモハ1103になった。
◎岳南江尾
1960（昭和35）年4月
撮影：西原 博

ステンレス車体のモハ1105。木造車の台車、機器を利用して1960年に汽車会社でステンレス車体を新造（鋼体化）した。同年に国鉄鉄道技術研究所で開かれたエカフェ（ECAFE）車両展示会で展示された。
◎岳南江尾
1961（昭和36）年3月16日
撮影：西原 博

静岡鉄道 静岡清水線、清水市内線

モハ6とクハ6の2両編成。モハ6は1939年製造で旧番号はモハ200。前面半流線形が特徴。2両目のクハ6（後のクハ22）は1957年製造の前面湘南タイプ。◎運動場前（現・県総合運動場）　昭和30年代前半　撮影：園田正雄

終点港橋で折り返す静岡鉄道清水市内線のモハ60形62。この車両は1955年に自社工場で木造車を鋼体化。左奥には静岡市内線から転入したモハ55形55が停まっている。清水市内線は1974年7月の水害で被害が大きく運休。復旧されることなく1975年3月22日付で全線廃止された。◎港橋　1962（昭和37）年9月2日　撮影：西原 博

清水市内線は港橋〜横砂間4.6kmを結んだが、北側の西久保〜横砂間は単線で、袖師付近には東海道本線との平行区間もあった。写真は単線区間を行くモハ9。このモハ9は前面が流線形で元静岡鉄道鉄道線のモハ220形222で1940年木南車輌製。後に清水市内線に移る。終点の横砂は東海道本線の興津駅に近い。
◎1962（昭和37）年9月2日
撮影：西原 博

港橋で折り返すモハ60形61。1955年に自社工場で木造車を鋼体化した車両で、前面運転台が低いことが特徴だった。
◎港橋
1972（昭和47）年1月4日
撮影：西原 博

【静岡駅上空】
写真左下に1935年建築の静岡駅舎と静岡駅ホーム、写真右下には貨物ホームと静岡機関区扇形庫が見える。静岡駅は1979年に全面高架化、駅前に松坂屋静岡店があり、その先（写真中央）に静岡鉄道新静岡駅が見える。国鉄駅前から新静岡駅を経由してお堀沿いに静岡市内線の路面電車が延びていたが1962年に廃止された。写真上部に駿府行園（現・駿府城公園）と静岡県庁、静岡市役所が見える。公園左側の広い通りは御幸通り。◎1956（昭和31）年12月28日　撮影：朝日新聞社

静岡鉄道 駿遠線

新袋井で停車中のキハD6。駿遠線ではCは片ボギー車（片側車軸だけボギー台車）、Dはボギー車を表す。駿遠線は正面窓に取り付けられた長いヒサシが特徴。キハD6は1931年日本車輌製で藤相鉄道からの引継ぎ車。
◎新袋井　1964（昭和39）年9月13日　撮影：西原 博

御前崎に近い地頭方に停車するキハD8。ボギー車であることがわかる。キハD8は1931年日本車輌製で藤相鉄道からの引継ぎ車。◎地頭方　1964（昭和39）年9月13日　撮影：西原 博

地頭方に停車する貨車牽引のキハＤ７新藤枝行。キハＤ７も1931年日本車輌製で藤相鉄道からの引継ぎ車。
◎地頭方　1964（昭和39）年９月13日　撮影：西原 博

新三俣での小型ディーゼル機関車DB604（通称、蒙古の戦車）牽引列車とディーゼル車（キハＤ６〜９のいずれか）の交換風景。機関車DB604は1952年自社工場製。駿遠線のディーゼル機関車は１両ごとに形態が少しずつ違っていた。ホームには上下共用の腕木式信号機がある。駿遠線は大井川を渡る区間を含む新三俣〜堀野新田間が1964年９月27日付で廃止された。
◎新三俣　1964（昭和39）年９月13日　撮影：西原 博

駿遠線の客車ハ101は
1956年に自社工場で製造。
◎新三俣
1964（昭和39）年9月13日
撮影：西原 博

日本最長の軽便鉄道といわ
れた静岡鉄道駿遠線の客車
ハ28。この車両は1912（明
治45）年製造で三重交通か
らの転入車。
◎新横須賀
1964（昭和39）年9月13日
撮影：西原 博

静岡鉄道駿遠線のDB609。
戦後の1954年、自社工場で
蒸気機関車の足回りを利用
し小型ディーゼル機関車に
改造した。ファンからは「蒙
古の戦車」と呼ばれた。逆
転機がなく後退はできず転
車台で向きを変えた。
◎新横須賀
1964（昭和39）年9月13日
撮影：西原 博

国鉄藤枝駅の北口にあった駿遠線新藤枝駅。大手方面と袋井方面が同じ方向に発車し、袋井方面列車は静岡方で東海道線をオーバークロス。駅には静岡行急行バスの立看板が見える。国鉄東海道線の普通列車は毎時1本程度でバスの利用者もかなりあった。◎新藤枝　1960（昭和35）年3月13日　撮影：荻原二郎

双方向の腕木式信号機がある駿遠線地頭方構内。列車通学の中学生が下車した。左側のキハD15は1960年に自社工場で製造。前面湘南タイプで典型的な「田舎湘南」である。◎地頭方　1962（昭和37）年4月29日　撮影：荻原二郎

秋葉馬車鉄道として開通した秋葉線は1926（大正15）年に電化され、当時は「石松電車」と呼ばれた。モハ1形7の単行。モハ1形は4輪単車として登場したがモハ7、8は台車を交換して2軸ボギー車となった。
◎森川橋〜遠州森町　1962（昭和37）年9月2日
撮影；西原 博

静岡鉄道
秋葉線

新袋井と遠州森町を結んでいた静岡鉄道秋葉線の木造車ハ1形5。ボギー車ではなく4輪単車である。元玉川電気鉄道（→東急玉川線）の車両。秋葉線は最後まで螺旋（らせん）式連結器でバッファ付きだった。
◎遠州森町　1962（昭和37）年9月2日
撮影；西原 博

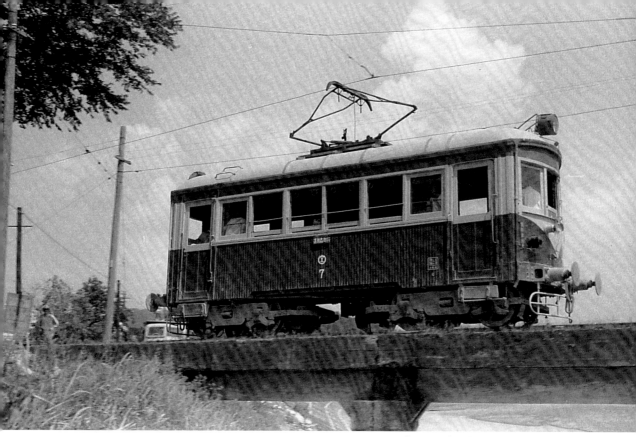

太田川を渡る秋葉線のモハ1形7。この
車両は2軸ボギー車化されている。秋葉
線は1962（昭和37）年9月19日限りで廃
止。最後までバッファ付き、螺旋（らせん）
式連結器だった。
◎森川橋〜遠州森町
1962（昭和37）年9月2日
撮影；西原 博

天王（てんおう）で交換する秋葉線モハ1形
2。このモハ2は秋葉線電化に備えて1925
年に日本車輛で製造された4輪単車。
◎天王
1962（昭和37）年9月2日
撮影；西原 博

大井川鐵道 大井川本線

五和（ごか）で交換するモハ302（左）とモハ307（右）。モハ302は元木造国電のモハ1形で、同形のモハ301が現在は名古屋のリニア・鉄道館で保存。モハ307は旧西武鉄道（西武新宿線の前身）モハ550形で戦後は西武モハ151形となった。昭和初期の川崎造船所（現・川崎重工）の私鉄向け標準車両。2020年11月12日、五和は合格に改名。
◎五和（現・合格）　1965（昭和40）年5月4日　撮影：西原 博

家山で交換するE10形電気機関車が牽引する下り貨物列車。E10形は1949年の大井川本線電化時にE10形101〜103の3両が登場。E101、102が三菱電機製、E103が日立製作所製。当時の国鉄EF15に似ている。
◎家山　1965（昭和40）年5月4日　撮影：西原 博

大井川鉄道１号機関車。1921年ドイツ・コッペル社製。一畑軽便鉄道（現・一畑電車）、住友セメント七尾工場（石川県）で使用され、大井川鉄道ではＣ11によるSL運転が始まる前に、千頭〜井川両国間で井川線客車を牽引して試験的にSL運転が行われた。「いずも」の愛称があり、現在では新金谷駅前プラザロコで保存。
◎千頭
1975（昭和50）年９月28日
撮影：西原 博

元名鉄モ3800形のモハ310。後方はコンビを組む元ク2800形のクハ510。1970年に名鉄から譲り受け。ドア間は転換式クロスシートだった。
◎千頭
1975（昭和50）年９月28日
撮影：西原 博

大井川鐵道 井川線

DD100形が牽引する井川線「快速あかいし号」。DD100形は1954年に登場した凸型35トンB-B型ディーゼル機関車。写真左後方に千頭駅構内が見える。◎千頭～川根両国　1965（昭和40）年5月4日　撮影：西原 博

車両基地のあった川根両国に到着した井川線上り列車。L型8トン機DB 1形7が作業員輸送用Cスハフ1形5および7を牽引する。◎川根両国　1965（昭和40）年5月4日　撮影：西原 博

DB1形が牽引する井川線の作業員輸送列車。まだ観光客が
それほど多くはなかった。
◎川根両国付近　1965（昭和40）年5月4日
撮影：西原 博

井川線の保線用モーターカー。ダム建設のための専用鉄道
として建設された経緯から、車両限界はかなり小さいものと
なっている。
◎川根両国付近　1965（昭和40）年5月4日
撮影：西原 博

井川線の客車。手前は荷物室付きのCスロニ201形202。2両目以降は作業員輸送用のCスハフ1形。
◎川根両国　1965（昭和40）年5月4日　撮影：西原 博

遠州鉄道 鉄道線

国鉄二俣線へ乗り入れ列車に使用されるキハ800形801（元国鉄キハ04形）。1958年から1966年までキハ800形を使用して
西鹿島から国鉄二俣線に乗り入れ、新浜松～遠江二俣（一部は遠江森）間の直通運転が行われた。
◎遠州西ヶ崎　1961（昭和36）年8月30日　撮影：西原 博

モハ11形12とクハ53形54の貴布祢（現、浜北）行。モハ11形12は戦時中の1943年製、後ろのクハ53形54はモハ11形と連
結のため1950年に製造。2両ともモハ30形、クハ80形に台車、機器を提供して車体は解体された。
◎遠州西ヶ崎　1961（昭和36）年8月30日　撮影：西原 博

1923年に登場した木造電
車モハ1形5。1960年代
初めまで運行された。左側
に国鉄二俣線乗り入れ列
車に使用されるキハ800形
802(元国鉄キハ04形)が停
まっている。
◎遠州西ヶ崎
1961(昭和36)年8月30日
撮影：西原 博

1960年登場のモハ30形32
とクハ80形82。当時はク
リームと緑の塗装だった。
◎遠州西ヶ崎
1961(昭和36)年8月30日
撮影：西原 博

ED211とモハ1形3。ED211
は1951年に日本鉄道自動車
(東洋工機の前身)で製造。モ
ハ1形は1923年の鹿島線(現・
鉄道線)電化、改軌時に登場。
◎遠州西ヶ崎
1961(昭和36)年8月30日
撮影：西原 博

【浜松駅上空】
写真中央部に1926年に改築された洋風の浜松駅舎があり、その左側には貨物ホームが見える。駅前交差点付近には1927年
開設の旭町駅（初代新浜松駅）があるが、この写真では明瞭ではない。浜松駅からはD50牽引と思われる長い編成の貨物列車
が発車。写真左側の川は新川。◎1930（昭和5）年頃　撮影：朝日新聞社

遠州鉄道 奥山線

遠州鉄道奥山線（軌間762mm）の木造客車サハ1103、元佐世保鉄道（国鉄松浦線を経て現在は松浦鉄道）の客車で1948年に国鉄から譲り受けた。◎曳馬野　1962（昭和37）年9月2日　撮影：西原 博

1914年、浜松軽便鉄道元城（浜松市内）～金指間開通時に製造された木造客車サハ1109。遠鉄浜松（現・遠州病院）行の行先表示がある。◎曳馬野　1962（昭和37）年9月2日　撮影：西原 博

奥山線の終点奥山に停車するキハ1804形1804。キハ1804は1956年日本車輌製。近代的スタイルで正面2枚窓、ファンからは「田舎湘南」といわれた。奥山線気賀口〜奥山間は1963年4月末日限りで廃止。
◎奥山　1962（昭和37）年9月2日　撮影：西原 博

奥山線の終点奥山に停車するキハ1803形1803。キハ1803は1954年汽車会社製。ノーシルノーヘッダーの近代的車体。奥山線廃止後は尾小屋鉄道に譲渡。現在は小松市立ポッポ汽車展示館で動態保存。
◎奥山　1960（昭和35）年3月13日　撮影：荻原二郎

【解説】
山田 亮（やまだ あきら）

1953年生、慶応義塾大学法学部卒、慶応義塾大学鉄道研究会ＯＢ、鉄研三田会会員、元地方公務員、鉄道研究家で特に鉄道と社会の関わりに関心を持つ。

1981年「日中鉄道友好訪中団」（竹島紀元団長）に参加し、北京および中国東北地区（旧満州）を訪問。

1982年、フランス、スイス、西ドイツ（当時）を「ユーレイルパス」で鉄道旅行。車窓から見た東西ドイツの国境に強い衝撃をうける。

2001年、三岐鉄道（三重県）70周年記念コンクール「ルポ（訪問記）部門」で最優秀賞を受賞。

現在、日本国内および海外の鉄道乗り歩きを行う一方で、「鉄道ピクトリアル」などの鉄道情報誌に鉄道史や列車運転史の研究成果を発表している。本書では鉄道写真の解説等を担当。

【写真提供】
江本廣一、荻原二郎、園田正雄、髙井薫平、高橋義雄、西原 博、長谷川 明、
望月 泉、安田就視、山田 亮、朝日新聞社、PIXTA

静岡県の私鉄
昭和～平成の記録

発行日……………………2024年1月5日　第1刷　※定価はカバーに表示してあります。

著者…………………………山田 亮
発行者………………………春日俊一
発行所………………………株式会社アルファベータブックス
〒102-0072　東京都千代田区飯田橋 2-14-5 定谷ビル
TEL.03-3239-1850　FAX.03-3239-1851
https://alphabetabooks.com/

編集協力………………株式会社フォト・パブリッシング
デザイン・DTP ………柏倉栄治
印刷・製本……………モリモト印刷株式会社

ISBN978-4-86598-904-5　C0026